Dr. Heidemarie Borgwadt

Potenzen, Wurzeln, Logarithmen

© Springer Fachmedien Wiesbaden 1994
Ursprünglich erschienen bei Betriebswirtschaftlicher Verlag Dr. Th. Gabler GmbH, Wiesbaden 1994.

Lektorat: Annegret Dorn
Satz: SATZPUNKT Ursula Ewert, Braunschweig

Das Werk einschließlich aller seiner Teile ist urheberrechtlich geschützt. Jede Verwertung außerhalb der engen Grenzen des Urheberrechtsgesetzes ist ohne Zustimmung des Verlags unzulässig und strafbar. Das gilt insbesondere für Vervielfältigungen, Übersetzungen, Mikroverfilmungen und die Einspeicherung und Verarbeitung in elektronischen Systemen.

ISBN 978-3-409-92161-9   ISBN 978-3-663-13131-1 (eBook)
DOI 10.1007/978-3-663-13131-1

Die Deutsche Bibliothek – CIP-Einheitsaufnahme

Borgwadt, Heidemarie:
Potenzen, Wurzeln, Logarithmen /
Dr. Heidemarie Borgwadt. –
1. Aufl. Wiesbaden : Gabler, 1994
 (Gabler-Studientexte)

Inhaltsverzeichnis

Verzeichnis der Rechenoperationen und Symbole

1.	Das Potenzieren mit ganzzahligen Exponenten im Zahlenbereich der reellen Zahlen	1
1.1	Potenzen mit natürlichen Exponenten	1
1.2	Potenzen mit dem Exponenten Null	9
1.3	Potenzen mit negativen ganzzahligen Exponenten	11
1.4	Potenzgesetze für Potenzen mit ganzzahligen Exponenten	13
2.	Das Radizieren im Zahlenbereich der reellen Zahlen	19
2.1	Die Definition der n-ten Wurzel	19
2.2	Die Wurzelgesetze	20
2.3	Anwendungen der Wurzelgesetze	22
2.4	Potenzen mit rationalen Exponenten	23
2.5	Potenzen mit reellen Exponenten	25
3.	Das Logarithmieren im Zahlenbereich der reellen Zahlen	28
3.1	Die Definition des Logarithmus	28
3.2	Die natürlichen und die dekadischen Logarithmen	31
3.3	Die Logarithmengesetze	33

Lösungen der Aufgaben zur Selbstüberprüfung   39

Anhang   43

Stichwortverzeichnis   45

Verzeichnis der Rechenoperationen und Symbole

+	:	Addition, gelesen „plus"
−	:	Subtraktion, gelesen „minus"
×	:	Multiplikation, gelesen „mal"
:	:	Division, gelesen „durch"
$\sqrt{}$	:	Radizieren mit dem Wurzelexponenten 2, gelesen: „Quadratwurzel aus", „Wurzel aus"
a^2	:	Potenzieren mit dem Exponenten 2, Quadrieren, gelesen: „Basis a hoch Exponent 2"
$\sqrt[n]{}$	:	Radizieren mit dem Wurzelexponenten $n \in \mathbb{N}$, gelesen: „n-te Wurzel aus"
a^n	:	Potenzieren mit dem Exponenten $n \in \mathbb{R}$, gelesen: „a hoch n"
$\log_b a$	:	Logarithmieren, gelesen: „Logarithmus von a zur Basis b, $a > 0$, $b > 0$, $b \neq 1$"
$x \in X$	:	x ist Element der Menge X
$x \notin Y$	:	x ist nicht Element der Menge Y
$a \in \{b, c, a\}$	:	a ist Element der Menge mit den Elementen b, c, a
$\mathbb{G}$	:	Zahlenbereich der ganzen Zahlen
$\mathbb{N}$	:	Zahlenbereich der natürlichen Zahlen (ohne Null)
$\mathbb{Q}$	:	Zahlenbereich der rationalen Zahlen
$\mathbb{R}$	:	Zahlenbereich der reellen Zahlen

1. Das Potenzieren mit ganzzahligen Exponenten im Zahlenbereich der reellen Zahlen

Lernziele:

> Sie können erklären, daß das Potenzieren eine Rechenoperation auf dem Zahlenbereich der natürlichen Zahlen ist. Sie können Potenzen mit ganzzahligen Exponenten und Basen aus den verschiedenen Zahlenbereichen berechnen und beherrschen die Gesetze für das Multiplizieren, das Dividieren und das Potenzieren von Potenzen mit ganzzahligen Exponenten. Sie können entscheiden, welche von zwei Potenzen die kleinere reelle Zahl ist.

1.1 Potenzen mit natürlichen Exponenten

Im Studientext Algebraische Grundlagen lernten Sie das Potenzieren auf dem Zahlenbereich der natürlichen Zahlen als eine uneingeschränkt ausführbare Rechenoperation kennen. Die Definition der Potenz wurde zurückgeführt auf das Mengenprodukt einer endlichen Anzahl von endlichen Mengen.

Produktmenge

Beispiel:
Gegeben sei die dreielementrige Menge M = {1, 2, 3}.
a) Bilden Sie die Produktmenge M x M.
b) Wie viele Elemente besitzt die Produktmenge M x M?
c) Bilden Sie alle zweistelligen Zahlen, die aus den Ziffern 1, 2, 3 bestehen.
d) Wie viele zweistellige Zahlen lassen sich aus drei verschiedenen Ziffern bilden?
e) Wie viele Elemente besitzt die Produktmenge M x M x M?
f) Wie viele dreistellige Zahlen lassen sich aus drei verschiedenen Ziffern bilden?

Lösung:
a) M x M = {(1,1), (1,2), (1,3), (2,1), (2,2), (2,3), (3,1), (3,2), (3,3)}
b) Die Produktmenge M x M besitzt 3^2 = 9 Elemente.
c) 11, 12, 13, 21, 22, 23, 31, 32, 33
d) Aus drei Ziffern lassen sich 3^2 = 9 zweistellige Zahlen bilden.
e) Die Produktmenge M x M x M besitzt $3^3 = (3^2) \times 3 = 27$ Elemente.
f) Aus drei Ziffern lassen sich $3^3 = (3^2) \times 3 = 27$ dreistellige Zahlen bilden.

Die Berechnung einer Potenz mit natürlichem Exponenten n und einer Basis a aus dem Zahlenbereich der ganzen Zahlen läßt sich zurückführen auf die Multiplikation von ganzen Zahlen:

Potenzen mit ganzzahligen Basen

$a^n = a \times a \times a \times ... \times a \times a$ (n-mal)

Die Basis a der Potenz wird n- mal mit sich selbst multipliziert. Eine Potenz mit der Basis a und dem Exponenten n+1 wird berechnet, indem man die Potenz mit der Basis a und dem Exponenten n mit der Basis a multipliziert:

$a^{n+1} = (a^n) \times a$

Potenzen mit negativen Basen

Wenn die Basis a negativ ist und der Exponent eine gerade natürliche Zahl ist, dann ist die Potenz a^{2n} eine positive Zahl.

Wenn die Basis a negativ ist und der Exponent eine ungerade natürliche Zahl ist, dann ist die Potenz a^{2n-1} eine negative Zahl.

Beispiel:
Berechnen Sie:
a) $(-4)^5$ b) $(-5)^4$ c) $(-10)^3$ d) $(-10)^6$ e) 0^{987}

Lösung:
a) $-1\,024$ b) 625 c) $-1\,000$ d) $1\,000\,000$ e) 0

Potenzschreibweise für natürliche Zahlen

In der Wissenschaft kommt es häufig vor, daß große Zahlen mit sehr vielen Nullen geschrieben werden müssen (z. B. in der Astronomie). Die Zahlendarstellung wird dadurch unübersichtlich. Einfacher ist die Schreibweise dieser Zahlen, wenn man sie in ein Produkt aus Grundzahl und einer Zehnerpotenz zerlegt.

Beispiel:
a) $300\,000 \quad = 3 \times 100\,000 \quad = 3 \times 10^5$
b) $14\,000\,000 \quad = 14 \times 1\,000\,000 \quad = 14 \times 10^6 \quad = 1{,}4 \times 10^7$
c) $256\,000\,000\,000 = 256 \times 1\,000\,000\,000 = 256 \times 10^9 \quad = 2{,}56 \times 10^{11}$

Potenzen mit rationalen Basen

Erweitert man den Potenzbegriff auf Basen aus dem Zahlenbereich der rationalen Zahlen, so ist zu beachten, daß sich jede rationale Zahl als Quotient p/q darstellen läßt, wobei p eine ganze Zahl und q eine natürliche Zahl ist. Ein Quotient p/q wird mit der natürlichen Zahl n potenziert, indem der Quotient n-mal mit sich selbst multipliziert wird. Nach den Regeln der Bruchrechnung gilt somit: Der Zähler wird mit n potenziert und der Nenner wird mit n potenziert und dann wird der Quotient gebildet.

$$\left(\frac{p}{q}\right)^n = \underbrace{\left(\frac{p}{q}\right)\left(\frac{p}{q}\right) \ldots \left(\frac{p}{q}\right)}_{n\text{-mal}} = \frac{p \times p \times \ldots \times p}{q \times q \times \ldots \times q} = \frac{p^n}{q^n} \quad \text{für } q \neq 0$$

Beispiel:
1. Berechnen Sie:
   a) $\left(-\frac{3}{5}\right)^4$ b) $\left(-\frac{1}{10}\right)^5$

   Lösung:
   a) $\left(-\frac{3}{5}\right)^4 = \left(-\frac{3}{5}\right)\left(-\frac{3}{5}\right)\left(-\frac{3}{5}\right)\left(-\frac{3}{5}\right) = \frac{81}{625}$

   b) $\left(-\frac{1}{10}\right)^5 = \left(-\frac{1}{10}\right)\left(-\frac{1}{10}\right)\left(-\frac{1}{10}\right)\left(-\frac{1}{10}\right)\left(-\frac{1}{10}\right) = -\frac{1}{10^5} = -\frac{1}{100\,000}$

2. An dieser Stelle soll das Potenzieren von rationalen Zahlen mit dem Taschenrechner wiederholt werden.
   Berechnen Sie $\left(-\frac{3}{7}\right)^5$ mit dem Taschenrechner.

   Lösung:
   1. Eingabe   3
   2. Operationstaste ÷
   3. Eingabe   7
   4. Taste   =

5. Vorzeichenwechsel +/−
6. Operationstaste x^y
7. Eingabe 5
8. Taste =
9. Anzeige − 0,0144582

Potenzen mit reelen Basen

In den nun folgenden Ausführungen soll das Potenzieren mit natürlichen Exponenten in der Menge der reellen Zahlen eingeführt werden. Im Studientext Algebraische Grundlagen wurde definiert: eine Zahl x ist eine reelle Zahl genau dann, wenn x als unendlicher Dezimalbruch ohne Neunerperiode dargestellt werden kann. Somit ist die Zahl x, für die gilt $x^2 = 3$ bzw. $x = \sqrt{3}$ eine reelle Zahl. Sie wissen, daß jede reelle Zahl entweder eine rationale Zahl oder eine irrationale Zahl ist. Da $\sqrt{3}$ nicht in einen unendlichen periodischen Dezimalbruch bzw. in einen Quotienten p/q umgewandelt werden kann, ist $\sqrt{3}$ eine irrationale Zahl. Eine irrationale Zahl kann nur durch einen endlichen Dezimalbruch angenähert werden. Die Annäherung erfolgt in Abhängigkeit von der geforderten Genauigkeit.

1 $< \sqrt{3} <$ 2 , denn $1^2 < 3 < 2^2$,

1,7 $< \sqrt{3} <$ 1,8 , denn $1,7^2 < 3 < 1,8^2$,

Die Genauigkeit beträgt 1/10.

1,73 $< \sqrt{3} <$ 1,74 , denn $1,73^2 < 3 < 1,74^2$,

Die Genauigkeit beträgt 1/100.

1,732 $< \sqrt{3} <$ 1,733 , denn $1,732^2 < 3 < 1,733^2$,

Die Genauigkeit beträgt 1/1 000.

1,7320 $< \sqrt{3} <$ 1,7321 , denn $1,7320^2 < 3 < 1,7321^2$,

Die Genauigkeit beträgt 1/10 000.

1,73205 $< \sqrt{3} <$ 1,73206 , denn $1,73205^2 < 3 < 1,73206^2$,

Die Genauigkeit beträgt 1/100 000.

1,732050 $< \sqrt{3} <$ 1,732051 , denn $1,732050^2 < 3 < 1,732051^2$,

Die Genauigkeit beträgt 1/1 000 000.

Dezimalbruch

Soll ein unendlicher nichtperiodischer Dezimalbruch a' mit einer natürlichen Zahl n potenziert werden, so muß zunächst entsprechend der Genauigkeitsforderung ein endlicher Dezimalbruch a als Näherungswert für die Basis der Potenz ermittelt werden. Die Potenz a'^n wird dann angenähert durch die Potenz $a^n = (p/q)^n$. Der Näherungswert a ist eine rationale Zahl und kann demzufolge als Quotient p/q (q ≠ 0) geschrieben werden. Das Potenzieren von reellen Zahlen mit einem natürlichen Exponenten wird zurückgeführt auf das Potenzieren von rationalen Zahlen mit einem natürlichen Exponenten.

Beispiel:
Potenzieren Sie die irrationale Zahl $\sqrt{3}$ mit dem Exponenten 3, indem Sie $\sqrt{3}$ mit einer Genauigkeit von 1/100 durch rationale Zahlen annähern.

Lösung:
$(1,73)^3 < \sqrt{3}^3 < (1,74)^3$, $\left(\dfrac{173}{100}\right)^3 < \sqrt{3}^3 < \left(\dfrac{174}{100}\right)^3$,

$$\frac{5\,177\,717}{1\,000\,000} < \sqrt{3}^3 < \frac{5\,268\,024}{1\,000\,000}, \qquad 5{,}177717 < \sqrt{3}^3 < 5{,}268024$$

Mit Hilfe des Taschenrechners soll die irrationale Zahl $\sqrt{3}$ mit dem natürlichen Exponenten 3 potenziert werden.

Lösung:
1. Eingabe   3
2. Operationstaste $\sqrt{}$
3. Anzeige   1,7320508
   Genauigkeit von $1/10^7$
4. Operationstaste x^y
5. Eingabe   3
6. Taste   =
7. Anzeige   5,1961524

Dieser Wert ist selbstverständlich nur ein Näherungswert.

Nachdem Sie die Berechnung von Potenzen mit Basen aus dem Zahlenbereich der reellen Zahlen und natürlichen Exponenten beherrschen, sollen Gesetze für das Rechnen mit Potenzen hergeleitet werden.

(1) Addition und Subtraktion von Potenzen mit natürlichen Exponenten

Für die Addition und Subtraktion von Potenzen gibt es keine Potenzgesetze. Terme der Form $2^3 + 2^4$ oder $2^3 + 4^3$ lassen sich nicht zusammenfassen. Für den Fall, daß die Summe bzw. Differenz von Potenzen mit gleichen Basen und gleichen Exponenten ermittelt werden soll, kann man Vielfache von Potenzen bilden:

$$a^m + a^m + a^m + a^m = 4 \times a^m, \qquad 5 \times a^m - 3 \times a^m = 2 \times a^m$$

Regel   Merken Sie sich die folgende Regel: Potenzen dürfen nur dann addiert oder subtrahiert werden, wenn sie sowohl in ihren Basen als auch in ihren Exponenten übereinstimmen.

Beispiel:
Fassen Sie die Terme so weit wie möglich zusammen:
a) $9x^3 - 12x^4 - 24x^3 - 5x^4$ b) $6 \times 5^3 - 3 \times 5^4 - 2 \times 5^3 - 4 \times 5^4$
c) $r^{20} - (-r)^{20} + (-s)^{11} + s^{11}$

Lösung:
a) $(9 - 24)x^3 - (12 + 5)x^4 = -15x^3 - 17x^4$
b) $(6 - 2) \times 5^3 - (3 + 4) \times 5^4 = 4 \times 5^3 - 7 \times 5^4 = 4 \times 125 - 7 \times 625 = -3\,875$
c) $r^{20} - r^{20} - s^{11} + s^{11} = 0 + 0 = 0$

Regel   Beachten Sie, daß Punktrechnung stets vor Strichrechnung auszuführen ist. Außerdem ist das Potenzieren stets vor dem Multiplizieren und Dividieren auszuführen.

Somit hat das Potenzieren a^n eine höhere Stufe als die Rechenoperationen
    Multiplikation und Division,
diese haben wiederum eine höhere Stufe als die Operationen
    Addition und Subtraktion.

Regel   Merken Sie sich die Regel: Potenzrechnung vor Punktrechnung vor Strichrechnung

(2) Multiplikation von Potenzen mit gleicher Basis

Beispiel:
Berechnen Sie: a) $2^3 \times 2^4$ b) $(-3)^4 \times (-3)^5$ c) $\left(\frac{2}{3}\right)^4 \times \left(\frac{2}{3}\right)^4$ d) $(\sqrt{3})^3 \times (\sqrt{3})^5$

Lösung:
a) $(2 \times 2 \times 2) \times (2 \times 2 \times 2 \times 2) = 2 \times 2 \times 2 \times 2 \times 2 \times 2 \times 2 = 2^7 = 2^{3+4}$

b) $[(-3) \times (-3) \times (-3) \times (-3)] \times [(-3) \times (-3) \times (-3) \times (-3) \times (-3)] = (-3)^{4+5} = (-3)^9$

c) $\left[\left(\frac{2}{3}\right) \times \left(\frac{2}{3}\right) \times \left(\frac{2}{3}\right) \times \left(\frac{2}{3}\right)\right] \times \left[\left(\frac{2}{3}\right) \times \left(\frac{2}{3}\right) \times \left(\frac{2}{3}\right) \times \left(\frac{2}{3}\right)\right] = \left(\frac{2}{3}\right)^{4+4} = \left(\frac{2}{3}\right)^8$

d) $[(\sqrt{3})(\sqrt{3})(\sqrt{3})] \times [(\sqrt{3})(\sqrt{3})(\sqrt{3})(\sqrt{3})(\sqrt{3})] = (\sqrt{3})^{3+5} = (\sqrt{3})^8$

Aus dem Beispiel läßt sich das folgende Potenzgesetz für Potenzen mit natürlichen Exponenten ableiten:

> Potenzen mit gleichen Basen werden multipliziert, indem man die gemeinsame Basis mit der Summe der Exponenten potenziert:
>
> $$a^m \times a^n = a^{m+n}$$
>
> Die Umkehrung kann man folgendermaßen formulieren:
> Jede Potenz kann man in ein Produkt von Potenzen mit gleichen Basen aufspalten.

Potenzgesetz

Beispiel:
Schreiben Sie das Produkt der Potenzen als Potenz.

a) $0{,}5^2 \times 0{,}5^4$ b) $\left(-\frac{7}{2}\right)^3 \times \left(-\frac{7}{2}\right)^6$ c) $x^{62} \times x^{38}$

Lösung:
a) $0{,}5^6$ b) $\left(-\frac{7}{2}\right)^9$ c) x^{100}

(3) Multiplikation von Potenzen mit gleichen Exponenten

Beispiel:
Berechnen Sie:

a) $2^4 \times 3^4$ b) $(-5)^3 \times (-4)^3$ c) $\left(-\frac{4}{3}\right)^2 \times \left(-\frac{9}{16}\right)^2$ d) $(\sqrt{3})^5 \times (\sqrt{2})^5$

Lösung:
a) $(2 \times 2 \times 2 \times 2) \times (3 \times 3 \times 3 \times 3) = (2 \times 3) \times (2 \times 3) \times (2 \times 3) \times (2 \times 3)$
   $= (2 \times 3)^4 = 6^4 = 1\,296$

Bei der Umformung wurde das Kommutativgesetz und das Assoziativgesetz der Multiplikation angewandt:

b) $[(-5) \times (-5) \times (-5)] \times [(-4) \times (-4) \times (-4)]$ =
   $[(-5) \times (-4)] \times [(-5) \times (-4)] \times [(-5) \times (-4)]$ =
   $[(-5) \times (-4)]^3 = 20^3 = 8\,000$

c) $\left[\left(-\frac{4}{3}\right)\left(-\frac{4}{3}\right)\right] \times \left[\left(-\frac{9}{16}\right)\left(-\frac{9}{16}\right)\right] =$

$\left[\left(-\frac{4}{3}\right)\left(-\frac{9}{16}\right)\right] \times \left[\left(-\frac{4}{3}\right)\left(-\frac{9}{16}\right)\right] = \left[\left(-\frac{4}{3}\right)\left(-\frac{9}{16}\right)\right]^2$

$\left[\frac{4 \times 9}{3 \times 16}\right]^2 = \left[\frac{3}{4}\right]^2 = \frac{9}{16}$

d) $(\sqrt{3} \times \sqrt{3} \times \sqrt{3} \times \sqrt{3} \times \sqrt{3}) \times (\sqrt{2} \times \sqrt{2} \times \sqrt{2} \times \sqrt{2} \times \sqrt{2}) =$

$(\sqrt{3} \times \sqrt{2}) \times (\sqrt{3} \times \sqrt{2}) \times (\sqrt{3} \times \sqrt{2}) \times (\sqrt{3} \times \sqrt{2}) \times (\sqrt{3} \times \sqrt{2}) =$

$(\sqrt{3} \times \sqrt{2})^5$

Aus den Beispielen kann man das folgende Potenzgesetz für Potenzen mit natürlichen Exponenten ableiten:

Potenzgesetz

> Potenzen mit gleichen Exponenten werden multipliziert, indem man die Basen multipliziert und das Produkt mit dem gemeinsamen Exponenten potenziert:
>
> $$a^n \times b^n = (a \times b)^n$$
>
> Es gilt ebenso: Ein Produkt wird potenziert, indem man jeden Faktor potenziert und die entstandenen Potenzen multipliziert.

(4) Potenzieren von Potenzen

Beispiel:
Berechne: a) $(3^4)^2$ b) $3^{(4^2)}$ c) $\left[\left(\frac{2}{3}\right)^2\right]^3$ d) $\left[(\sqrt{3})^5\right]^2$

Lösung:
a) $(3 \times 3 \times 3 \times 3) \times (3 \times 3 \times 3 \times 3) = (3 \times 3 \times 3 \times 3 \times 3 \times 3 \times 3 \times 3) = 3^8 = 3^{4 \times 2}$
$= 6\,561$

b) $3^{(4 \times 4)} = 3^{16} = 43\,046\,721$

c) $\left[\left(\frac{2}{3}\right) \times \left(\frac{2}{3}\right)\right] \times \left[\left(\frac{2}{3}\right) \times \left(\frac{2}{3}\right)\right] \times \left[\left(\frac{2}{3}\right) \times \left(\frac{2}{3}\right)\right] = \left(\frac{2}{3}\right)^6$

$= \left(\frac{2}{3}\right)^{2 \times 3} = \frac{64}{729}$

d) $(\sqrt{3} \times \sqrt{3} \times \sqrt{3} \times \sqrt{3} \times \sqrt{3}) \times (\sqrt{3} \times \sqrt{3} \times \sqrt{3} \times \sqrt{3} \times \sqrt{3}) = (\sqrt{3})^{10} = (\sqrt{3})^{5 \times 2}$
$= 243$

Aus dem Beispiel ist erkennbar, daß der Term 3^{4^2} zwei verschiedene Interpretationen zuläßt.

a) Man kann zuerst die Potenz 3^4 berechnen und dann das Ergebnis mit 2 potenzieren:
$(3^4)^2 = 81^2 = 6\,561$

b) Man kann zuerst den Exponenten 4^2 berechnen und dann die Basis 3 mit dem Ergebnis 4^2 potenzieren: $3^{\left(4^2\right)} = 3^{16} = 43\,046\,721$

Es ist demzufolge eine Festlegung erforderlich, welches Rechenverfahren anzuwenden ist.

$$a^{m^n} = \left(a^m\right)^n \qquad \text{Definition}$$

Für das Potenzieren von Potenzen gilt das folgende Potenzgesetz:

Eine Potenz wird potenziert, indem man die Basis mit dem Produkt der Exponenten potenziert:

$$(a^m)^n = a^{m \times n} \qquad \text{Potenzgesetz}$$

Außerdem kann man formulieren, daß eine Potenz, deren Exponent sich in Faktoren zerlegen läßt, durch mehrmaliges Potenzieren berechnet werden kann.

Die unterschiedlichen Interpretationsmöglichkeiten eines Terms der Form a^{m^n} führten zu der Frage nach dem größten Zahlenwert, den man mit drei Ziffern darstellen kann.

Beispiel:
1. Berechnen Sie mit dem Taschenrechner: a) $\left(9^9\right)^9$ b) 9^{99} c) $9^{\left(9^9\right)}$

Lösung:
a) $9^{81} = 1{,}9662705 \times 10^{77}$ b) $2{,}9512665 \times 10^{94}$

c) Bei der Berechnung des Terms mit dem Taschenrechner müssen die Klammern unbedingt beachtet werden. Da das Ergebnis die Kapazität des Taschenrechners übersteigt, erscheint in der Anzeige – E – für Error. Mit Hilfe der logarithmischen Rechnung, die Sie in diesem Band kennenlernen werden, läßt sich der Zahlenwert annähernd ermitteln. Er würde ca. 369 693 100 Ziffern umfassen. Bei einer Kapazität von 84 Zeichen pro Zeile, 54 bedruckbaren Zeilen pro Seite und je Band 100 Seiten würde der Verlag ca. 815 Bände herausbringen müssen, um diesen Zahlenwert abzudrucken.

2. Berechnen Sie: a) $\left(2^4\right)^7$ b) $\left(x^2\right)^5$ c) $\left[\left(-\dfrac{247}{100}\right)^3\right]^2$ d) $\left[\left(\sqrt{5}\right)^3\right]^6$

Lösung:
a) $2^{28} = 2{,}6843546 \times 10^8$ b) $x^{2 \times 5} = 2^{10} = 1\,024$

c) $\left(-\dfrac{247}{100}\right)^6 = (-2{,}47)^6 = 227{,}08148$ d) $\left(\sqrt{5}\right)^{18} = 1\,953\,125$

(5) Division von Potenzen mit gleichen Basen

Beispiel:
Berechnen Sie: a) $3^4 : 3^2$ b) $(-4)^5 : (-4)^3$ c) $\left(-\frac{2}{3}\right)^3 : \left(-\frac{2}{3}\right)^2$ d) $\sqrt{3}^5 : \sqrt{3}^3$

Lösung:

a) $\dfrac{3 \times 3 \times 3 \times 3}{3 \times 3} = 3 \times 3 = 3^{4-2} = 9$

b) $\dfrac{(-4)(-4)(-4)(-4)(-4)}{(-4)(-4)(-4)} = (-4)^2 = (-4)^{5-3} = 16$

c) $\dfrac{\left(-\frac{2}{3}\right)\left(-\frac{2}{3}\right)\left(-\frac{2}{3}\right)}{\left(-\frac{2}{3}\right)\left(-\frac{2}{3}\right)} = \left(-\frac{2}{3}\right) = \left(-\frac{2}{3}\right)^{3-2}$

d) $\dfrac{\sqrt{3} \times \sqrt{3} \times \sqrt{3} \times \sqrt{3} \times \sqrt{3}}{\sqrt{3} \times \sqrt{3} \times \sqrt{3}} = \sqrt{3}^2 = \sqrt{3}^{5-3} = 3$

Ein Term der Form $a^m : a^n$ (mit m > n) kann folgendermaßen geschrieben werden:

$\dfrac{a \times a \times a \times \ldots \times a}{a \times a \times a \times \ldots \times a}$ (m–mal als Faktor)
                                       (n–mal als Faktor)

Durch Kürzen der einzelnen Faktoren verbleiben im Zähler n Faktoren weniger, also m–n Faktoren. Es läßt sich somit das Potenzgesetz für das Dividieren von Potenzen mit gleichen Basen formulieren:

Potenzgesetz

> Potenzen mit gleichen Basen werden dividiert, indem man die gemeinsame Basis mit der Differenz der Exponenten potenziert:
> $$\frac{a^m}{a^n} = a^{m-n} \quad (m > n)$$

Soll der Quotient zweier Potenzen mit natürlichen Exponenten eine Potenz mit natürlichem Exponenten sein, so muß der Exponent im Zähler größer als der Exponent im Nenner sein.

Beispiel:
Berechnen Sie:

a) $2^9 : 2^6$ b) $x^7 : x^3$ c) $\left(-\frac{2}{3}\right)^6 : \left(-\frac{2}{3}\right)^3$ d) $\sqrt{5}^9 : \sqrt{5}^5$

Lösung:

a) $2^3 = 8$ b) x^4 c) $\left(-\frac{2}{3}\right)^3 = -\frac{8}{27}$ d) $\sqrt{5}^4 = 25$

(6) Die Division von Potenzen mit gleichen Exponenten

> Potenzen mit gleichen Exponenten werden dividiert, indem man den Quotienten der Basen mit dem gemeinsamen Exponenten potenziert:
> $$a^n : b^n = \frac{a^n}{b^n} = \left(\frac{a}{b}\right)^n, \quad \text{wobei } b \neq 0.$$

Potenzgesetz

Beispiel:
Berechnen Sie:

a) $(-5)^7 : (-3)^7$ b) $\left(-\frac{3}{4}\right)^6 : \left(-\frac{9}{8}\right)^6$ c) $\sqrt{5}^3 : \sqrt{2}^3$

d) $(a+b)^4 : (c+d)^4$ e) $(9a^2 b^3)^3 : (3 ab^2)^3$

Lösung:

a) $\left(\frac{5}{3}\right)^7$ b) $\left(\frac{3}{4} : \frac{9}{8}\right)^6 = \left(\frac{3 \times 8}{4 \times 9}\right)^6 = \left(\frac{2}{3}\right)^6 = \frac{64}{729}$ c) $\left(\frac{\sqrt{5}}{\sqrt{2}}\right)^3$

d) $\left(\frac{a+b}{c+d}\right)^4$ e) $\left(\frac{9a^2 b^3}{3a b^2}\right)^3 = (3 ab)^3$

1.2 Potenzen mit dem Exponenten Null

Das Potenzieren mit natürlichen Exponenten wurde auf die Multiplikation zurückgeführt:
$$a^m = a \times a \times a \ldots \times a \quad (m\text{-mal, wobei } m \in \mathbb{N})$$

Natürliche Exponenten

Der Potenzbegriff soll zunächst erweitert werden auf den Exponenten 0. Nach der bisherigen Festlegung – der Exponent gibt an, wie oft die Basis als Faktor erscheint – würde der Term 2^0 zum Ausdruck bringen, daß die Basis 2 Null-mal als Faktor zu schreiben ist. Es ergibt sich die Frage, welche Zahl man einer Potenz mit dem Exponenten Null zuordnen soll. Eine Potenz mit dem Exponenten Null kann man erzeugen, wenn man das Potenzgesetz für die Division von Potenzen mit gleichen Basen auf Potenzen mit gleichen Exponenten anwendet.

Exponent Null

$$\frac{a^n}{a^n} = a^{n-n} = a^0, \text{ für } a = 0. \quad \text{Es gilt: } \frac{a^n}{a^n} = \frac{a \times a \times \ldots \times a}{a \times a \times \ldots \times a} = 1$$

Da für den Quotienten $\frac{a^n}{a^n}$ bei der ersten Rechnung a^0 und bei der zweiten Rechnung 1 ausgerechnet wurde, muß die folgende Definition eingeführt werden:

> Eine Potenz mit einer Basis a ungleich Null und dem Exponenten Null ist gleich 1.
> $$a^0 = 1, \quad \text{wenn } a \neq 0.$$

Definition

Sie müssen demzufolge unbedingt beachten, daß der Ausdruck 0^0 nicht definiert ist.

Beispiel:

a) $156\,789^0$ b) $(-456)^0$ c) $\left(-\dfrac{456}{897}\right)^0$ d) $\left(\sqrt{7}\right)^0$

e) $(x^2 + 4y^3 + 2)^0$, wobei $x^2 + 4y^3 + 2 \neq 0$

Lösung:
Alle fünf Terme haben den Wert 0.

Dezimalsystem

An dieser Stelle sei hingewiesen auf die Darstellung natürlicher Zahlen im dekadischen Positionssystem. Da das griechische Wort „deka" zehn bedeutet und das lateinische Wort „Position" mit Stellung gleichzusetzen ist, spricht man auch vom dekadischen Stellenwertsystem oder vom Zehner- bzw. Dezimalsystem.

Die natürliche Zahl 578 369 wird im Dezimalsystem folgendermaßen geschrieben:

$578\,369 = 5 \times 10^5 + 7 \times 10^4 + 8 \times 10^3 + 3 \times 10^2 + 6 \times 10^1 + 9 \times 10^0$.

Im Zehnersystem sind nur die Ziffern von 0 bis 9 zugelassen. Jeder Ziffer innerhalb einer natürlichen Zahl wird genau eine Zehnerpotenz als Stellenwert zugeordnet. Eine natürliche Zahl wird im Dezimalsystem dargestellt, indem sie als Summe von Vielfachen von Zehnerpotenzen geschrieben wird. Es gilt, daß jeder natürlichen Zahl genau eine Darstellung im dekadischen Positionssystem zugeordnet werden kann.

Beispiel:
Geben Sie die dekadische Darstellung der Zahl 2 345 678 als Sume von Vielfachen der Zehnerpotenzen an.

Lösung:
$2 \times 10^6 + 3 \times 10^5 + 4 \times 10^4 + 5 \times 10^3 + 6 \times 10^2 + 7 \times 10^1 + 8 \times 10^0$

Benutzung des Taschenrechners

Der Taschenrechner macht sich die Potenzschreibweise zunutze, um sehr große Zahlen darzustellen. Die 8-stellige Anzeigekapazität ist mit der Zahl 99 999 999 erschöpft. Der Nachfolger 100 000 000 (einhundert Millionen) wäre mit dieser Kapazität nicht mehr darstellbar.
Führen Sie mit dem Taschrechner die Addition 99 999 999 + 1 aus, so erscheint in der Anzeige: 1^{08}. Diese Anzeige ist folgendermaßen zu lesen: $1 \times 10^8 = 100\,000\,000$.
Die beiden letzten Stellen in der Anzeige geben den Exponenten zur Basis 10 an. Mit dieser Zehnerpotenz ist die in der Anzeige links stehende Zahl zu multiplizieren.

Beispiel:
Berechnen Sie mit dem Taschenrechner:
a) $250\,000 \times 400\,000$ b) 2^{64} c) 5^{99} d) 99^{50}

Lösung:
a) 1×10^{11} b) $1{,}8446444 \times 10^{19}$ c) $1{,}5777218 \times 10^{69}$ d) $6{,}0500607 \times 10^{99}$

Die höchste Zahl, die der Taschenrechner darstellen kann, ist die natürliche Zahl $99\,999\,999 \times 10^{99}$.
Diese Zahl kann mit Hilfe der $\boxed{\text{EXP}}$ Taste (Exponenteneingabe) direkt erzeugt werden.

Eingabe	99 999 999	
Operationstaste	EXP	(Potenzieren mit der Basis 10)
Anzeige	$99\,999\,999^{00}$	(Exponent ist 00)
Eingabe	99	(Exponent ist 99)
Anzeige	$99\,999\,999^{99}$	

Wenn Sie nach diesen Eingaben eine der Operationstasten +, −, ×, % betätigen, dann zeigt der Taschenrechner − E − für Error an. Sie haben damit die Kapazität Ihres Rechners überschritten.

1.3 Potenzen mit negativen ganzzahligen Exponenten

Wird das Potenzgesetz für das Potenzieren von Potenzen mit gleichen Basen auf Potenzen angewandt, bei denen der Exponent im Zähler kleiner als der Exponent im Nenner ist, so entstehen Potenzen mit negativen Exponenten:

Potenzen in Brüchen

$$\frac{a^m}{a^n} = a^{m-n} = \frac{a \times a \times \ldots \times a \;\; (\text{m-mal})}{a \times a \times \ldots \times a \;\; (\text{n-mal})} \qquad (a \neq 0 \text{ und } m < n)$$

Ist m < n, so kann m-mal gekürzt werden. Im Zähler verbleibt die Zahl 1 und im Nenner verbleibt der Faktor a (n − m)-mal:

$$\frac{a^m}{a^n} = a^{m-n} = \frac{1}{\underbrace{a \times a \times \ldots \times a}_{(n-m)\text{-mal}}} = \frac{1}{a^{n-m}}$$

Beispiel:
Dividiere die Potenzen mit gleichen Basen. Schreibe das Ergebnis als Potenz mit negativem Exponenten und als Quotient mit dem Zähler 1.

a) $2^4 : 2^7$ b) $(-3)^1 : (-3)^5$ c) $\left(\frac{1}{2}\right)^3 : \left(\frac{1}{2}\right)^4$

Lösung:

a) $2^{4-7} = 2^{-3} = \dfrac{2 \times 2 \times 2 \times 2}{2 \times 2 \times 2 \times 2 \times 2 \times 2 \times 2} = \dfrac{1}{2^3}$

b) $(-3)^{1-5} = (-3)^{-4} = \dfrac{(-3)}{(-3)(-3)(-3)(-3)(-3)} = \dfrac{1}{(-3)^4}$

c) $\left(\dfrac{1}{2}\right)^{3-4} = \left(\dfrac{1}{2}\right)^{-1} = \dfrac{\left(\dfrac{1}{2}\right)\left(\dfrac{1}{2}\right)\left(\dfrac{1}{2}\right)}{\left(\dfrac{1}{2}\right)\left(\dfrac{1}{2}\right)\left(\dfrac{1}{2}\right)\left(\dfrac{1}{2}\right)} = \dfrac{1}{\left(\dfrac{1}{2}\right)^1}$

Für Potenzen mit negativen ganzzahligen Exponenten wird die folgende Definition eingeführt:

Definition

> Eine Potenz mit einem ganzzahligen Exponenten ist gleich dem Kehrwert der Potenz mit der gleichen Basis und dem entgegengesetzten Exponenten:
>
> $$a^{-n} = \frac{1}{a^n} \quad \text{bzw.} \quad a^n = \frac{1}{a^{-n}} \quad \text{wobei } a \neq 0 \text{ und } n \in \mathbb{G}.$$

Beispiel:
Schreibe die Potenzen mit negativen Exponenten in der Form, daß nur Potenzen mit positiven Exponenten auftreten.

a) 5^{-10} b) x^{-6} c) $\left(\dfrac{2}{3}\right)^{-4}$ d) $(a+b)^{-2}$ mit $(a+b) \neq 0$

Lösung:

a) $\dfrac{1}{5^{10}}$ b) $\dfrac{1}{x^6}$ c) $\dfrac{1}{\left(\dfrac{2}{3}\right)^4} = \dfrac{3^4}{2^4}$ d) $\dfrac{1}{(a+b)^2} = \dfrac{1}{a^2 + 2ab + b^2}$

Es wird nun auf die Darstellung von rationalen Zahlen im dekadischen Positionssystem eingegangen. Analog zu dem Verfahren, sehr große natürliche Zahlen mit Hilfe der Potenzschreibweise darzustellen, kann man ebenfalls sehr kleine Zahlen darstellen.

Beispiel:
Schreiben Sie die folgenden Zahlen als Potenzen mit der Basis 10:

a) $\dfrac{1}{10}$ b) $\dfrac{1}{1\,000}$ c) $\dfrac{1}{10\,000\,000\,000}$

Lösung:

a) $\dfrac{1}{10^1} = 10^{-1}$ b) $\dfrac{1}{10^3} = 10^{-3}$ c) $\dfrac{1}{10^{10}} = 10^{-10}$

Sie wissen, daß sich jede rationale Zahl in einen endlichen Dezimalbruch oder in einen unendlichen periodischen Dezimalbruch umwandeln läßt. Jeder Ziffer innerhalb eines Dezimalbruches läßt sich genau eine Zehnerpotenz als Stellenwert zuordnen. Die Zuordnung ist folgendermaßen festgelegt:

1. Stelle nach dem Komma ... $10^{-1} = \dfrac{1}{10}$

2. Stelle nach dem Komma ... $10^{-2} = \dfrac{1}{100}$

3. Stelle nach dem Komma ... $10^{-3} = \dfrac{1}{1\,000}$

Beispiel:
Schreiben Sie die endlichen Dezimalbrüche als Summe von Vielfachen von Zehnerpotenzen:
a) 3,4562   b) 0,0094512

Lösung:

a) $3 \times 10^0 + 4 \times 10^{-1} + 5 \times 10^{-2} + 6 \times 10^{-3} + 2 \times 10^{-4}$

b) $9 \times 10^{-3} + 4 \times 10^{-4} + 5 \times 10^{-5} + 1 \times 10^{-6} + 2 \times 10^{-7}$

1.4 Potenzgesetze für Potenzen mit ganzzahligen Exponenten

Die im Abschnitt 1.1 eingeführten Potenzgesetze für Potenzen mit natürlichen Exponenten werden jetzt ohne Beweis auf Potenzen mit ganzzahligen Exponenten erweitert. Für alle Basen a und b aus dem Zahlenbereich der reellen Zahlen und für alle Exponenten m und n aus dem Zahlenbereich der ganzen Zahlen gelten die in Tabelle 1 dargestellten Potenzgesetze.

Tabelle 1: Potenzgesetze für Potenzen mit ganzzahligen Exponenten

Operation	Gleiche Basen	Gleiche Exponenten
Multiplikation	$a^m \times a^n = a^{m+n}$	$a^n \times b^n = (a \times b)^n$
Division	$a^m : a^n = a^{m-n}$	$a^n : b^n = \left(\dfrac{a}{b}\right)^n$
Potenzieren	\multicolumn{2}{c}{$(a^m)^n = a^{m \times n}$}	

Beim Potenzieren mit dem Exponenten Null oder mit einem negativen Exponenten muß beachtet werden, daß die Basis niemals Null sein darf.

Beispiel:
Berechnen Sie:

a) $3^{-4} \times 3^{-7}$ b) $\left(-\dfrac{7}{8}\right)^{-2} \times \left(-\dfrac{7}{8}\right)^{4}$ c) $\left(-\dfrac{5}{6}\right)^{-3} : \left(-\dfrac{5}{6}\right)^{-1}$

d) $\left(-\dfrac{5}{4}\right)^{-3} \times \left(\dfrac{1}{2}\right)^{-3}$ e) $(-3)^{-2} : (-4)^{-2}$ f) $\left[\left(-\dfrac{6}{7}\right)^{-2}\right]^{-5}$

Lösung:

a) $3^{-11} = 0{,}0000056 = \dfrac{1}{3^{11}}$ b) $\left(-\dfrac{7}{8}\right)^{2} = \dfrac{49}{64}$

c) $\left(-\dfrac{5}{6}\right)^{-2} = 1{,}44 = \dfrac{1}{\left(-\dfrac{5}{6}\right)^{2}} = \left(\dfrac{6}{5}\right)^{2} = \dfrac{36}{25}$

d) $\left[\left(-\dfrac{5}{4}\right) \times \left(\dfrac{1}{2}\right)\right]^{-3} = \left(-\dfrac{5}{8}\right)^{-3} = -4{,}096 = -\left(\dfrac{8}{5}\right)^{3} = -\dfrac{512}{125}$

e) $\left(\dfrac{3}{4}\right)^{-2} = 1{,}7777778 = \left(\dfrac{4}{3}\right)^{2} = \dfrac{16}{9}$ f) $\left(-\dfrac{6}{7}\right)^{10} = 0{,}2140583$

Im Zahlenbereich der reellen Zahlen existiert, wie Sie wissen, eine Kleinerrelation. Sie haben bereits Monotoniegesetze der Addition und der Multiplikation kennengelernt. Es soll nun untersucht werden, inwieweit auch für das Potenzieren Monotoniegesetze gelten.

Monotoniegesetze

Beispiel:
Gegeben seien

a) die nichtnegativen reellen Zahlen 1/4 und 1/2, für die gilt 1/4 < 1/2 und
b) die negativen reellen Zahlen – 4 und – 3, für die gilt – 4 < –3.

Potenzieren Sie die reellen Zahlen mit der geraden Zahl 2 und mit der ungeraden Zahl 3. Untersuchen Sie, ob sich die Relationszeichen ändern.

Lösung:

a) $1/4 < 1/2$, daraus folgt $(1/4)^2 < (1/2)^2$, denn $\frac{1}{16} < \frac{1}{4}$

$1/4 < 1/2$, daraus folgt $(1/4)^3 < (1/2)^3$, denn $\frac{1}{64} < \frac{1}{8}$

b) $-4 < -3$, daraus folgt $(-4)^2 > (-3)^2$, denn $16 > 9$,

c) $-4 < -3$, daraus folgt $(-4)^3 < (-3)^3$, denn $-64 < -27$

Ohne einen Beweis anzuführen, sollen die Erkenntnisse aus dem Beispiel verallgemeinert werden und Monotoniegesetze für das Potenzieren mit gleichen natürlichen Exponenten festgehalten werden.

Für alle reellen Zahlen a und b und für alle natürlichen Zahlen n gilt:

Nichtnegative Basen, natürliche Exponenten

1. Fall: Wenn $0 < a < b$, dann $0 < a^n < b^n$

Für Potenzen mit nichtnegativen Basen und gleichen natürlichen Exponenten gilt: Wenn die nichtnegativen Basen größer werden, dann werden auch die Potenzen größer.

Negative Basen, geradzahlige natürliche Exponenten

2. Fall: Wenn $a < b < 0$ und $n = 2m$ (m∈IN), dann $a^{2m} > b^{2m}$

Für Potenzen mit negativen Basen und gleichen geradzahligen natürlichen Exponenten gilt: Wenn die negativen Basen größer werden, dann werden die Potenzen kleiner.

Negative Basen, ungeradzahlige natürliche Exponenten

3. Fall: Wenn $a < b < 0$ und $n = 2m-1$ (m∈IN), dann $a^{2m-1} < b^{2m-1}$

Für Potenzen mit negativen Basen und den gleichen ungeradzahligen natürlichen Exponenten gilt: Wenn die negativen Basen größer werden, dann werden die Potenzen ebenfalls größer.

Beispiel:
Gegeben seien

a) die nichtnegativen reellen Zahlen 1/3 und 1/2, für die gilt 1/3 < 1/2,
b) die negativen reellen Zahlen – 5 und – 4, für die gilt – 5 < – 4.

Potenzieren Sie die reellen Zahlen mit – 1 und – 2. Untersuchen Sie, ob sich die Relationszeichen ändern.

Lösung:

a) $1/3 < 1/2$, daraus folgt $(1/3)^{-1} > (1/2)^{-1}$, denn $3 > 2$

$1/3 < 1/2$, daraus folgt $(1/3)^{-2} > (1/2)^{-2}$, denn $9 > 4$

b) $-5 < -4$, daraus folgt $(-5)^{-1} > (-4)^{-1}$, denn $-\dfrac{1}{5} > -\dfrac{1}{4}$

$-5 < -4$, daraus folgt $(-5)^{-2} < (-4)^{-2}$, denn $\dfrac{1}{(-5)^2} < \dfrac{1}{(-4)^2}$

Die Ergebnisse dieses Beispiels sollen wiederum verallgemeinert werden, um Monotoniegesetze für das Potenzieren mit gleichen negativen ganzzahligen Exponenten einzuführen. Die Beweise werden nicht dargestellt.

Für alle reellen Zahlen a und b und für alle natürlichen Zahlen n gilt:

1. Fall: Wenn $0 < a < b$, dann $a^{-n} > b^{-n}$

Positive reelle Basen, negative Exponenten

Für Potenzen mit positiven reellen Basen und negativen ganzzahligen Exponenten gilt:
Wenn die positiven Basen größer werden, dann werden die Potenzen kleiner.

2. Fall: Wenn $a < b < 0$ und $n = 2m$ ($m \in \mathbb{N}$), dann $a^{-2m} < b^{-2m}$

Negative Basen, geradzahlige negative Exponenten

Für Potenzen mit negativen Basen und negativen geradzahligen Exponenten gilt:
Wenn die negativen Basen größer werden, dann werden die Potenzen ebenfalls größer.

3. Fall: Wenn $a < b < 0$ und $n = 2m-1$ ($m \in \mathbb{N}$), dann $a^{-(2m-1)} > b^{-(2m-1)}$

Negative Basen, ungeradzahlige negative Exponenten

Für Potenzen mit negativen Basen und negativen ungeradzahligen Exponenten gilt:
Wenn die negativen Basen größer werden, dann werden die Potenzen kleiner.

Beispiel:
Gegeben sei eine positive reelle Zahl x, die kleiner als 1 ist: a) $x = 1/10$ b) $x = 1/4$. Potenzieren Sie die positive reelle Zahl x jeweils mit den natürlichen Zahlen n = 2 und m = 4, wobei n < m. Geben Sie an, ob sich die Richtung des Relationszeichens nach dem Potenzieren geändert hat.

Lösung:
a) Für $2 < 4$ gilt: $(1/10)^2 > (1/10)^4$, denn $\dfrac{1}{100} > \dfrac{1}{10\,000}$

b) Für $2 < 4$ gilt: $(1/4)^2 > (1/4)^4$, denn $\dfrac{1}{16} > \dfrac{1}{256}$

Die Ergebnisse dieses Beispiels sollen wiederum ohne Beweis verallgemeinert werden und das Monotoniegesetz des Potenzierens für Potenzen mit positiven Basen, die kleiner als 1 sind, formuliert werden.

Positive Basis kleiner eins

Für alle reellen Zahlen x und für alle natürlichen Zahlen n und m gilt:
wenn $0 < x < 1$ und $n < m$, dann $x^n > x^m$.

Für Potenzen mit positiven reellen Basen, die kleiner als 1 sind, und natürlichen Exponenten gilt:
Wenn die Exponenten größer werden, dann werden die Potenzen kleiner.

Beispiel:
Gegeben sei eine Zahl x, die größer als 1 ist:

a) x = 3/2   b) x = 10

Potenzieren Sie die Zahl x jeweils mit den natürlichen Zahlen n = 3 und m = 4, wobei n < m. Geben Sie an, ob sich die Richtung des Relationszeichens nach dem Potenzieren geändert hat.

Lösung:
a) 3 < 4, daraus folgt $\left(\frac{3}{2}\right)^3 < \left(\frac{3}{2}\right)^4$,   denn $\frac{27}{8} < \frac{81}{16}$

b) 3 < 4, daraus folgt $10^3 < 10^4$

Positive Basis größer eins

Das Monotoniegesetz des Potenzierens für Potenzen mit Basen, die größer als 1 sind, soll nun dargestellt werden.

Für alle reellen Zahlen x und für alle natürlichen Zahlen n und m gilt:
Wenn 1 < x und n < m,   dann $x^n < x^m$.

Für Potenzen mit Basen, die größer als 1 sind und natürlichen Exponenten n und m gilt:
Wenn die Exponenten größer werden, dann werden auch die Potenzen größer.

Das Potenzieren mit ganzzahligen Exponenten findet insbesondere in der Finanzmathematik umfangreiche Anwendung. Die Finanzmathematik ist Gegenstand eines gesonderten Studientextes. Es soll Ihnen jetzt an einem Beispiel vorgestellt werden, wie die Potenzgesetze angewandt werden können, wenn man starke Vereinfachungen der Wirklichkeit vornimmt.

Stellen Sie sich vor, daß Sie in einem Unternehmen arbeiten, in dem die Gehälter jährlich um 4 % erhöht werden. Herr Meyer hat zu Beginn dieses Jahres mit einem Bruttojahreseinkommen von 50 000 DM in diesem Unternehmen begonnen. Wie groß wird sein Jahreseinkommen sein, wenn er zehn Jahre in dem Unternehmen bleibt und die Gehaltserhöhungen regelmäßig durchgeführt werden?

Die Modellierung dieses Sachverhalts wird folgendermaßen durchgeführt: Das Anfangsjahreseinkommen kann man mit K_1 bezeichnen. Das Jahreseinkommen nach Ablauf eines Jahres erhöht sich um 4 %, das heißt um $\frac{4}{100} \times K_1 = 0{,}04 \times K_1$.

Im zweiten Jahr beträgt demzufolge das Bruttojahreseinkommen von Herrn Meyer:
$K_1 + K_1 \times 0{,}04 = K_1 (1 + 0{,}04)$

Für das dritte Jahr gilt:
$K_1 (1 + 0{,}04) + K_1 (1 + 0{,}04) \times 0{,}04 = K_1 (1 + 0{,}04)(1 + 0{,}04) = K_1 (1 + 0{,}04)^2$

Wenn Sie von der idealen Situation ausgehen, daß die Gehaltserhöhung tatsächlich jährlich 4 % beträgt, dann wird sich das Jahreseinkommen von Herrn Meyer nach n Jahren nach der folgenden Formel berechnen lassen:

$K_n = K_1 (1 + \frac{4}{100})^{n-1} = K_1 \times (1{,}04)^{n-1}$

Da die Basis der Potenz eine reelle Zahl größer als 1 ist, erhöht sich das Jahreseinkommen mit wachsendem natürlichem Exponenten n.

Nach zehn Jahren wird das Jahreseinkommen rund 71 165,59 DM betragen.
$K_{10} = 50\,000 \times (1{,}04)^9 \approx 71\,165{,}59$.

Beispiel:
Nehmen wir einmal an, Sie haben jetzt ein Bruttojahreseinkommen von 120 000 DM. Die regelmäßigen Gehaltserhöhungen fanden seit den letzten acht Jahren statt. Wie hoch war unter diesen idealen Bedingungen Ihr Jahresgehalt vor acht Jahren?

Lösung:
Wenn Ihr jetziges Jahreseinkommen K_0 beträgt, dann betrug es vor einem Jahr K_{-1}.
Aus $K_0 = K_{-1} \times (1 + 0{,}04)$ kann geschlußfolgert werden $K_{-1} = K_0 \times (1 + 0{,}04)^{-1}$.

Das Einkommen vor zwei Jahren kann dann folgendermaßen berechnet werden:
$K_{-1} = K_{-2} (1 + 0{,}04)$, $\quad K_{-2} = K_{-1} (1 + 0{,}04)^{-1}$

Setzt man für K_{-1} die obige Gleichung ein, so ergibt sich die Gleichung:
$K_{-2} = K_0 (1 + 0{,}04)^{-1} (1 + 0{,}04)^{-1} = K_0 (1 + 0{,}04)^{-2}$

Vor n Jahren betrug das Bruttojahreseinkommen:
$K_{-n} = K_0 \times (1 + 0{,}04)^{-n}$

Vor acht Jahren betrug das Bruttojahreseinkommen rund 87 682,82 DM, denn:
$K_{-8} = K_0 (1{,}04)^{-8} = 120\,000 \times 1{,}04^{-8} \approx 87\,682{,}82$

Aufgaben zur Selbstüberprüfung:

1. Gegeben sei die zweielementrige Menge A = {8,9}.
   a) Bilden Sie die Produktmenge A x A x A.
   b) Wie viele Elemente besitzt die Produktmenge?
   c) Bilden Sie alle dreistelligen Zahlen, die aus den Ziffern 8 und 9 bestehen.
   d) Wie viele Elemente besitzt die Produktmenge A x A x A x A?
   e) Wie viele vierstellige Zahlen lassen sich aus zwei verschiedenen Ziffern bilden?

2. Berechnen Sie die folgenden Potenzen mit ganzzahligen Basen und natürlichen Exponenten:
   a) $(-7)^3$ b) $(-9)^2$ c) $0^{10\,234}$

3. Schreiben Sie die folgenden Zahlen mit Hilfe von Zehnerpotenzen:
   a) 40 000 000 000   b) Fünfhundertmilliarden

4. Berechnen Sie die folgenden Potenzen mit rationalen Basen und natürlichen Exponenten:
   a) $\left(-\dfrac{4}{5}\right)^3$ b) $\left(-\dfrac{9}{10}\right)^4$

5. Berechnen Sie die Potenz $(\sqrt{5})^7$, indem Sie die irrationale Zahl mit einer Genauigkeit von 1/100 durch einen endlichen Dezimalbruch annähern. Berechnen Sie die Potenz mit dem Taschenrechner, ohne vorher die Basis durch einen Näherungswert zu ersetzen.

6. Fassen Sie die folgenden Summen bzw. Differenzen von Potenzen so weit wie möglich zusammen:
   a) $15a^7 - 12a^5 - 3a^7 + 6a^5$ b) $15 \times 2^7 - 12 \times 3^5 - 3 \times 2^7 + 6 \times 3^5$

7. Berechnen Sie: a) $\left(-\frac{7}{8}\right)^2 \times \left(-\frac{7}{8}\right)^3$ b) $\left(-\sqrt{5}\right)^3 \times \left(-\sqrt{5}\right)^2$

8. Berechnen Sie: a) $\left[\left(-\frac{3}{4}\right)^2\right]^3$ b) $\left[-\frac{3}{4}\right]^{\left(2^3\right)}$ c) $\left[\left(\sqrt{11}\right)^3\right]^3$

9. Berechnen Sie: a) $\left(-\frac{4}{5}\right)^7 : \left(-\frac{4}{5}\right)^2$ b) $\left(\sqrt{7}\right)^5 : \left(\sqrt{7}\right)^3$ c) $\left(-\sqrt[3]{1\,234}\right)^0$

10. Stellen Sie die Zahl 728 541 im dekadischen Positionssystem dar.

11. Schreiben Sie die Potenzen mit negativen Exponenten so, daß nur positive Exponenten vorkommen.

    a) a^{-8}, $a \neq 0$ b) $\left(-\frac{4}{5}\right)^{-6}$ c) $(x^2 - 2xy + y^2)^{-3}$, für $x - y \neq 0$

12. Vereinfachen Sie den Term so weit wie möglich:

    $$\left[\frac{2^{-5} \times u^3 \times a^{-4} \times u^{-2} \times 2^{11}}{a^{-5} \times u^{-2} \times 2^{-3} \times a^{-2} \times 2^4} : \frac{2^3 \times u^{-6} \times a^3}{a^{-2} \times 2^5 \times u^4}\right]^4$$

13. Setzen Sie jeweils die Relationszeichen und begründen Sie die Ergebnisse:

    a) $3^5 \ldots 4^5$ b) $(-4)^5 \ldots (-3)^5$ c) $(-4)^4 \ldots (-3)^4$

    d) $3^{-3} \ldots 4^{-3}$ e) $(-4)^{-3} \ldots (-3)^{-3}$ f) $(-4)^{-4} \ldots (-3)^{-4}$

    g) $3^4 \ldots 3^5$ h) $\left(\frac{1}{4}\right)^3 \ldots \left(\frac{1}{4}\right)^4$

14. Frau Müller beginnt in einem Unternehmen mit einem Anfangsjahreseinkommen in Höhe von 60 000 DM. Die Unternehmensleitung vereinbart mit ihr einen jährlichen Zuwachs von 4,45 %. Wie hoch ist dann das Bruttojahreseinkommen von Frau Müller nach fünf Jahren?

15. Frau Ludwig arbeitet bereits acht Jahre in dem Unternehmen. Ihr jetziges Bruttojahreseinkommmen beträgt 85 456 DM. Wie hoch war ihr Jahreseinkommen vor acht Jahren, wenn man davon ausgeht, daß es jährlich um 4,45 % erhöht wurde?

2. Das Radizieren im Zahlenbereich der reellen Zahlen

Lernziele:

> Sie können erklären, daß das Radizieren mit nichtnegativen Radikanden im Zahlenbereich der reellen Zahlen uneingeschränkt ausführbar ist. Die Potenzgesetze können Sie für Potenzen mit rationalen Exponenten anwenden und erläutern, daß die Wurzelgesetze Spezialfälle der Potenzgesetze für Potenzen mit rationalen Exponenten sind. Potenzen mit Exponenten aus dem Zahlenbereich der reellen Zahlen können Sie näherungsweise mit dem Taschenrechner berechnen.

2.1 Die Definition der n-ten Wurzel

Im Zahlenbereich der natürlichen Zahlen IN sind nur die Rechenoperationen Addition, Multiplikation und Potenzieren uneingeschränkt ausführbar. Die Umkehrungen dieser Rechenoperationen führen aus dem Zahlenbereich der natürlichen Zahlen heraus. Im Zahlenbereich der ganzen Zahlen sind die Addition, ihre Umkehrung – die Subtraktion –, die Multiplikation und das Potenzieren mit natürlichen Exponenten uneingeschränkt ausführbar. Schon die Umkehrung der Multiplikation – die Division – führt aus dem Zahlenbereich heraus. Im Zahlenbereich der rationalen Zahlen kann man uneingeschränkt addieren, subtrahieren, multiplizieren, dividieren (außer durch Null) und potenzieren mit ganzzahligen Exponenten (außer 0^0 und 0^{-n}, n∈IN). Die Umkehrung des Potenzierens mit natürlichen Exponenten, das Radizieren, führt im allgemeinen aus dem Zahlenbereich IQ heraus.

Rechenoperationen

Beispiel:
Gegeben seien die folgenden Gleichungen mit der Variablen x. Ermitteln Sie nach Möglichkeit rationale Zahlen x, so daß die folgenden Gleichungen wahre Aussagen werden:

a) $\frac{2}{3} + x = \frac{9}{4}$ b) $\frac{4}{7} \times x = \frac{2}{5}$ c) $x^3 = 64$ d) $x^2 = 3$

Lösung:

a) $x = \frac{9}{4} - \frac{2}{3} = \frac{27-8}{12} = \frac{19}{12}$,   denn $\frac{2}{3} + \frac{19}{12} = \frac{9}{4}$

b) $x = \frac{2}{5} : \frac{4}{7} = \frac{2}{5} \times \frac{7}{4} = \frac{7}{10}$,   denn $\frac{4}{7} \times \frac{7}{10} = \frac{2}{5}$

c) $x = \sqrt[3]{64} = 4$,   denn $4^3 = 64$

d) $x = \sqrt[2]{3}$,   denn $\left(\sqrt[2]{3}\right)^2 = 3$

Es kann nachgewiesen werden, daß $\sqrt{3}$ keine rationale Zahl ist.

Im Zahlenbereich der reellen Zahlen ist die n-te Wurzel folgendermaßen definiert:

Definition

> Die n-te Wurzel (n∈IN) aus einer nichtnegativen reellen Zahl b ist diejenige nichtnegative reelle Zahl x, für die gilt:
> $$x^n = b$$
> Bezeichnung: $x = \sqrt[n]{b}$
>
> b: Radikand, $b \geq 0$
> n: Wurzelexponent, n∈IN
> x: n-te Wurzel aus b, $x \geq 0$

Zahlenbereich IR

Für n = 2 wird x als Quadratwurzel aus b bezeichnet; der Wurzelexponent wird in diesem Falle nicht geschrieben: $x = \sqrt{b}$. Beachten Sie, daß im Zahlenbereich der reellen Zahlen ein Radikand niemals negativ sein darf und daß das Ergebnis des Radizierens ebenfalls keine negative reelle Zahl ist. Im Zahlenbereich der reellen Zahlen sind alle Gleichungen der Form $x^n = b$, für n∈IN, b∈IR und $b \geq 0$ lösbar.

Umkehrung des Potenzierens

Das Radizieren im Zahlenbereich der reellen Zahlen wird als eine Umkehrung des Potenzierens mit natürlichen Exponenten betrachtet. Werden Umkehroperationen nacheinander ausgeführt, so heben sich ihre Wirkungen auf. Die folgenden Gleichungen sind somit wahre Aussagen:

$$\left(\sqrt[n]{b}\right)^n = b \quad \text{und} \quad \sqrt[n]{b^n} = b, \quad \text{für } b \geq 0.$$

Beispiel:
Ermitteln Sie die reellen Zahlen x. Begründen Sie Ihr Ergebnis:
a) $x^2 = 11$ b) $x^5 = 2$ c) $x^3 = 4$

Lösung:
a) $x = \sqrt[2]{11}$ denn $\left(\sqrt[2]{11}\right)^2 = 11$

b) $x = \sqrt[5]{2}$ denn $\left(\sqrt[5]{2}\right)^5 = 2$

c) $x = \sqrt[3]{4}$ denn $\left(\sqrt[3]{4}\right)^3 = 4$

Die Lösung der Gleichung $x^n = b$ ($b \geq 0$) ist die reelle Zahl $x = \sqrt[n]{b}$, denn $\left(\sqrt[n]{b}\right)^n = b$.

Aus den Potenzgesetzen für Potenzen mit gleichen Exponenten kann man die Wurzelgesetze ableiten.

2.2 Die Wurzelgesetze

Gegeben seien die nichtnegativen reellen Zahlen u und v. Es gibt stets nichtnegative reelle Zahlen x und y und eine natürliche Zahl n, so daß gilt:

$u = x^n$ und $v = y^n$ bzw. $x = \sqrt[n]{u}$ und $y = \sqrt[n]{v}$

Aus dem Potenzgesetz für die Multiplikation von Potenzen mit gleichen Exponenten kann gefolgert werden:
$u \times v = x^n \times y^n = (x \times y)^n$ bzw. $x \times y = \sqrt[n]{u \times v}$

Somit ist das Wurzelgesetz für die Multiplikation von Wurzeln mit gleichen Wurzelexponenten bewiesen:

$$\sqrt[n]{u} \times \sqrt[n]{u} = \sqrt[n]{u \times v}, \quad u \geq 0, \; v \geq 0$$

Wurzeln mit dem gleichen Wurzelexponenten werden multipliziert, indem man den gemeinsamen Wurzelexponenten beibehält und die Radikanden miteinander multipliziert.

Wurzelgesetz für Multiplikation

Aus dem Potenzgesetz für die Division von Potenzen mit gleichen Exponenten kann gefolgert werden:

$$\frac{u}{v} = \frac{x^n}{v^n} = \left(\frac{x}{y}\right)^n \quad \text{bzw.} \quad \frac{x}{y} = \sqrt[n]{\frac{u}{v}}$$

Das Wurzelgesetz für die Division von Wurzeln mit gleichen Wurzelexponenten lautet:

$$\sqrt[n]{u} : \sqrt[n]{v} = \sqrt[n]{\frac{u}{v}}$$

Wurzeln mit gleichen Wurzelexponenten werden dividiert, indem man den gemeinsamen Wurzelexponenten beibehält und die Radikanden dividiert.

Wurzelgesetz für Division

Beispiel:
Vereinfachen Sie die folgenden Terme durch Anwendung der Wurzelgesetze:

a) $\sqrt[3]{8} \times \sqrt[3]{4}$ b) $\sqrt[m]{a^2} \times \sqrt[m]{a^5}$ c) $\sqrt[4]{5} : \sqrt[4]{3}$ d) $\sqrt{18} : \sqrt{2}$

Lösung:

a) $\sqrt[3]{8 \times 4} = \sqrt[3]{32}$ b) $\sqrt[m]{a^2 \times a^5} = \sqrt[m]{a^7}$ c) $\sqrt[4]{\frac{5}{3}}$ d) $\sqrt{9} = 3$

Nach dem Potenzgesetz für das Potenzieren einer Potenz gilt:

$$u^m = \left(x^n\right)^m = x^{n \times m} = \left(x^m\right)^n \quad \text{bzw.} \quad x^m = \sqrt[n]{u^m}$$

Somit ist das Wurzelgesetz für das Potenzieren einer Wurzel mit gleichen Radikanden bewiesen:

$$\left(\sqrt[n]{u}\right)^m = \sqrt[n]{u^m}$$

Eine Wurzel wird potenziert, indem man den Radikanden potenziert.

Wurzelgesetz für Potenzieren

Das Wurzelgesetz für das Radizieren einer Wurzel lautet:

$$\sqrt[m]{\sqrt[n]{b}} = \sqrt[m \times n]{b}$$

Eine Wurzel wird radiziert, indem man den Radikanden mit dem Produkt der Wurzelexponenten radiziert.

Wurzelgesetz für Radizieren

Beispiel:
Formen Sie die folgenden Terme durch Anwendung der Wurzelgesetze um. Berechnen Sie die Wurzeln mit dem Taschenrechner:

a) $\left(\sqrt[3]{7}\right)^8$ b) $\sqrt[8]{\sqrt[7]{345}}$

Lösung:

a) $\sqrt[3]{7^8} = 179{,}30598$ b) $\sqrt[8 \times 7]{345} = \sqrt[56]{345} = 1{,}1099878$

2.3 Anwendungen der Wurzelgesetze

Die Anwendung der Wurzelgesetze führt sehr häufig zur Verminderung des Rechenaufwandes, indem der Radikand in Faktoren zerlegt wird oder der Nenner rational gemacht wird.

(1) Zerlegung von Radikanden in Faktoren

Wurzelgesetz für Produkt

Bei dieser Anwendung benutzt man das Wurzelgesetz:
$$\sqrt[n]{a \times b} = \sqrt[n]{a} \times \sqrt[n]{b}$$

Aus einem Produkt a × b wird die n-te Wurzel gezogen, indem man jeden Faktor mit dem Wurzelexponenten radiziert und dann die Wurzeln miteinander multipliziert.

Ist die n-te Wurzel aus dem Radikanden R zu ziehen, und der Radikand läßt sich in ein Produkt zerlegen, in dem ein Faktor eine Potenz mit dem Exponenten n ist, dann sagt man, der Radikand kann teilweise radiziert werden.

$$\sqrt[n]{R} = \sqrt[n]{a^n \times b} = a \times \sqrt[n]{b} \quad \text{mit } R \geq 0, \, a \geq 0, \, b \geq 0$$

Beispiel:
Zerlegen Sie die Radikanden so in Produkte, daß der Radikand teilweise radiziert werden kann.

a) $\sqrt{50}$ b) $\sqrt{180}$ c) $\sqrt[3]{3\,000}$ d) $\sqrt[4]{81\,000\,000}$

Lösung:
a) $\sqrt{25 \times 2} = \sqrt{25} \times \sqrt{2} = 5 \times \sqrt{2}$ b) $\sqrt{36 \times 3} = \sqrt{36} \times \sqrt{3} = 6 \times \sqrt{3}$
c) $\sqrt[3]{3 \times 1\,000} = \sqrt[3]{3} \times \sqrt[3]{1\,000} = 10 \times \sqrt[3]{3}$
d) $\sqrt[4]{81 \times 10^6} = \sqrt[4]{81 \times 10^4 \times 10^2} = 3 \times 10 \times \sqrt[4]{10^2} = 30 \times \sqrt[4]{10^2}$

(2) Rationalmachen des Nenners

Gegeben sei ein Quotient, in dem im Nenner eine n-te Wurzel aus einem positiven Radikanden R steht: $\dfrac{Z}{\sqrt[n]{R}}$

Durch Anwendung der Wurzelgesetze soll der Quotient derart umgeformt werden, daß im Nenner keine Wurzel mehr steht. Das Ziel kann man erreichen, wenn man den Quotienten folgendermaßen erweitert:

$$\frac{Z \times \sqrt[n]{R^{n-1}}}{\sqrt[n]{R} \times \sqrt[n]{R^{n-1}}} = \frac{Z \times \sqrt[n]{R^{n-1}}}{\sqrt[n]{R \times R^{n-1}}} = \frac{Z \times \sqrt[n]{R^{n-1}}}{R}$$

Nenner rationalmachen

Das beschriebene Verfahren nennt man Rationalmachen des Nenners. Beachten Sie, daß ein nichtrationaler Nenner nur dann durch Anwendung des Verfahrens rational wird, wenn er als n-te Wurzel aus einer rationalen Zahl dargestellt werden kann. In dem Quotienten $\dfrac{1}{\pi}$ kann der Nenner nicht rational gemacht werden.

Beispiel:
Erweitern Sie die folgenden Quotienten so, daß nach der Umformung im Nenner keine Wurzeln mehr vorkommen:

a) $\dfrac{5}{\sqrt{3}}$ b) $\dfrac{7}{\sqrt[3]{5}}$ c) $\dfrac{8}{\sqrt[10]{x^2}}$ für $x \neq 0$ d) $\dfrac{a}{\sqrt{a}+\sqrt{b}}$ für $a > 0$ und $b >$

Lösung:

a) $\dfrac{5 \times \sqrt{3}}{3}$ b) $\dfrac{7 \times \sqrt[3]{5^2}}{5}$ c) $\dfrac{8 \times \sqrt[10]{x^8}}{x}$

d) Zur Lösung muß man eine binomische Formel anwenden: **Binomische Formel**

$$\frac{a \times (\sqrt{a}-\sqrt{b})}{(\sqrt{a}+\sqrt{b})(\sqrt{a}-\sqrt{b})} = \frac{a \times (\sqrt{a}-\sqrt{b})}{(\sqrt{a})^2 - (\sqrt{b})^2} = \frac{a \times (\sqrt{a}-\sqrt{b})}{a-b} \quad \text{mit } (a-b \neq 0)$$

2.4 Potenzen mit rationalen Exponenten

Das Potenzgesetz für das Potenzieren von Potenzen soll auf Potenzen mit rationalen Exponenten erweitert werden. Wird gefordert, daß beim Potenzieren von Potenzen eine Potenz mit dem Exponenten 1 entsteht, so muß das Produkt der Exponenten gleich 1 sein. Das Produkt der Exponenten wird 1 genau dann, wenn ein Faktor der Kehrwert des anderen Faktors ist: **Exponent**

$$(b^y)^n = b^{y \times n} = b^1 = b; \quad y \times n = 1 \text{ genau dann, wenn } y = \frac{1}{n}$$

Somit sind die folgenden Gleichungen erfüllt:

$$\left(\sqrt[n]{b}\right)^n = b \text{ und } (b^{\frac{1}{n}})^n = b, \text{ daraus folgt } \sqrt[n]{b} = b^{\frac{1}{n}}$$

Die n-te Wurzel aus der nichtnegativen reellen Zahl b und die Potenz mit der nichtnegativen Basis b und dem Exponenten 1/n sind somit identisch. Für n sind nur natürliche Zahlen zugelassen. Eine n-te Wurzel aus einer nichtnegativen reellen Zahl bzw. eine Potenz mit einem Stammbruch als Exponenten brauchen Sie nur mit Hilfe des Taschenrechners berechnen.

Beispiel:
Wandeln Sie die Wurzelschreibweise in die Potenzschreibweise um. Berechnen Sie die Wurzeln bzw. die Potenzen mit Hilfe des Taschenrechners.

a) $\sqrt[5]{3}$ b) $\sqrt[7]{135}$ c) $\sqrt[15]{345}$

Lösung:
a) $3^{1/5} = 1{,}2457309$
   Anwendung des Taschenrechners:
   1. Eingabe   3
   2. Operationstaste   SHIFT x^y (entspricht Taste $x^{1/y}$)
   3. Eingabe   5
   4. Taste   =
   5. Anzeige   1,2457309

b) $135^{1/7} = 2{,}0152707$

Anwendung des Taschenrechners in einer anderen Weise:
1. Eingabe   135
2. Operationstaste x^y
3. Klammer öffnen (
4. Eingabe   1
5. Operationstaste ÷
6. Eingabe   7
7. Klammer schließen)
8. Taste   =
9. Anzeige   2,0152707

c) $345^{1/15} = 1{,}4763453$

Es kann entweder die Operationstaste x^y angewandt werden oder die Operationstasten SHIFT x^y, d. h. die Operationstaste $x^{1/y}$.

Potenzen mit rationalen Exponenten

Wendet man das Potenzgesetz für das Potenzieren von Potenzen auf Potenzen mit Stammbrüchen als Exponenten an, so kann man den Potenzbegriff erweitern auf Potenzen mit rationalen Exponenten. Für n∈IN, m∈IG, b > 0 gilt:

$$\left(\sqrt[n]{b}\right)^m = \left(b^{1/n}\right)^m = b^{m \times 1/n} = b^{m/n}$$

$$b^{m/n} = b^{m \times 1/n} = \left(b^m\right)^{1/n} = \sqrt[n]{b^m}$$

Somit gilt: $\left(\sqrt[n]{b}\right)^m = \sqrt[n]{b^m} = b^{m/n}$, m∈IG, n∈IN, b > 0

Beispiel:
Schreiben Sie die folgenden Wurzeln als Potenzen und berechnen Sie sie mit dem Taschenrechner.

a) $\sqrt[7]{4^8}$ b) $\sqrt[101]{5^{12}}$

Lösung:
a) $4^{8/7} = 4{,}8760546$

Anwendung des Taschenrechners:
Eingabe   4
Operationstaste x^y
Klammer öffnen   (
Eingabe   8
Operationstaste   ÷
Eingabe   7
Klammer schließen)
Taste   =
Anzeige   4,8760546

b) $5^{12/101} = 1{,}2107262$

Für Potenzen mit rationalen Exponenten gelten analog die Potenzgesetze für Potenzen mit ganzzahligen Exponenten.

Beispiel:
Fassen Sie so weit wie möglich zusammen.

a) $3 \times x^{1/2} + 4 \times a^{-2/3} - 5 \times x^{1/2} - 2 \times a^{-2/3}$, $a \neq 0$

b) $\left[\dfrac{3 \times a^{3/4} \times x^{5/6} \times a^{1/2}}{10 \times a^{1/6} \times x^{2/5} \times x^{1/3}}\right]^{\frac{3}{2}}$

Lösung:
a) $-2 \times x^{1/2} + 2 \times a^{-2/3}$, $a \neq 0$

b) $\left[\dfrac{3 \times a^{3/4+1/2} \times x^{5/6}}{10 \times a^{1/6} \times x^{2/5+1/3}}\right]^{3/2}$

$\left[\dfrac{3}{10} \times a^{3/4+1/2-1/6} \times x^{5/6-2/5-1/3}\right]^{3/2} = \left[\dfrac{3}{10} \times a^{13/12} \times x^{3/30}\right]^{3/2} =$

$\left[\dfrac{3}{10}\right]^{3/2} \times a^{13/8} \times x^{3/20} = 0{,}1643167 \times \sqrt[8]{a^{13}} \times \sqrt[20]{x^3}$

2.5 Potenzen mit reellen Exponenten

Potenzen mit irrationalen Exponenten können genau wie Potenzen mit irrationalen Basen nur näherungsweise berechnet werden. Die gegebenen irrationalen Zahlen sind entsprechend einer vorzugebenden Genauigkeitsforderung durch endliche Dezimalbrüche anzunähern. Dann ist das Potenzieren mit den Näherungswerten durchzuführen. Es gibt unterschiedliche Näherungsverfahren, die es gestatten, das Ergebnis des Potenzierens mit einer bestimmten Genauigkeit zu berechnen. Diese Näherungsverfahren sind aber nicht Gegenstand dieses Studientextes. Potenzen mit reellen Exponenten brauchen Sie jetzt nur mit dem Taschenrechner näherungsweise zu ermitteln.

Exponent ist irrationale Zahl

Beispiel:
Berechnen Sie mit dem Taschenrechner:

$\left(\sqrt[3]{245}\right)^{\sqrt[4]{2}}$

Lösung:
Den Term sollten Sie zunächst so umformen, daß anstelle der Wurzeln Potenzen geschrieben werden. Dann sind vorteilhafterweise die Operationstasten zu benutzen:
SHIFT x^y, das heißt $x^{1/y}$
Die Umformung ergibt: $\left(245^{1/3}\right)^{\left(2^{1/4}\right)}$

1. Eingabe	245
2. Operationstasten	SHIFT x^y ($x^{1/y}$)
3. Eingabe	3
4. Taste	=
5. Anzeige	6,2573247
6. Operationstaste	x^y
7. Klammer auf:	(
8. Eingabe	2
9. Operationstaste	SHIFT x^y ($x^{1/y}$)
10. Eingabe	4
11. Klammer zu	)
12. Anzeige	1,1892071

13. Taste =
14. Anzeige 8,8526053

Auch das Radizieren von reellen Zahlen findet in der Finanzmathematik umfangreiche Anwendungen. In diesem Studientext wird nur ein einfaches Beispiel vorgestellt, um Ihnen einen Einblick in Anwendungsmöglichkeiten zu geben.

Beispiel:
Herr Optimist beginnt in einem Unternehmen eine Tätigkeit mit einem Bruttojahreseinkommen von 55 000 DM. Er glaubt, daß er nach zehn Jahren ein Bruttojahreseinkommen von 100 000 DM erhalten wird, indem ihm die Unternehmensleitung jährlich eine Einkommenserhöhung von p % des jeweiligen Einkommens gewährt. Um wieviel Prozent müßte die Unternehmensleitung sein Einkommen jährlich erhöhen, damit sein Wunsch in Erfüllung geht?

Lösung:
Das Einkommen von Herrn Optimist entwickelt sich bei jährlichem Zuwachs von p % nach der folgenden Formel:

$$K_2 = K_1\left(1 + \frac{p}{100}\right) \qquad K_3 = K_2\left(1 + \frac{p}{100}\right) = K_1\left(1 + \frac{p}{100}\right)^2$$

$$K_n = K_1\left(1 + \frac{p}{100}\right)^{n-1}$$

Für n = 10 gilt:

$$K_{10} = K_1\left(1 + \frac{p}{100}\right)^{10-1} = K_1\left(1 + \frac{p}{100}\right)^9$$

In der Aufgabe ist p gesucht. Um p auf der rechten Seite zu isolieren, müssen zunächst beide Seiten der Gleichung durch K_1 dividiert werden. Dann muß auf beiden Seiten die 9-te Wurzel gezogen werden:

$$\sqrt[9]{\frac{K_{10}}{K_1}} = 1 + \frac{p}{100} \quad \text{beziehungsweise} \quad p = 100\left[\sqrt[9]{\frac{K_{10}}{K_1}} - 1\right]$$

Der Prozentsatz p läßt sich also folgendermaßen berechnen:

$$p = 100\left[\sqrt[9]{\frac{100\,000}{55\,000}} - 1\right] = 100\,[1{,}0686822 - 1] \approx 6{,}868$$

Die Wünsche von Herrn Optimist werden dann erfüllt, wenn die Unternehmensleitung sein Jahreseinkommen jährlich um 6,868 % erhöht.

Aufgaben zur Selbstüberprüfung:

16. Lösen Sie die Gleichung $x^{15} = 100$ und begründen Sie Ihr Ergebnis.

17. Wandeln Sie die Wurzelschreibweise in die Potenzschreibweise um bzw. die Potenzschreibweise in die Wurzelschreibweise. Berechnen Sie die Potenzen bzw. Wurzeln mit dem Taschenrechner:

    a) $\sqrt[32]{123}$ b) $456^{1/87}$ c) $\sqrt[98]{456^{13}}$ d) $3^{-4/5}$

18. Fassen Sie so weit wie möglich zusammen:

    a) $4 \times u^{-1/7} + 5 \times v^{2/5} - 6 \times v^{2/5} - 8 \times u^{-1/7}$, $u \neq 0$

    b) $\left[\dfrac{u^{-1/7} \times v^{2/5} \times v^{2/5} \times u^{-1/7}}{v^{6/5} \times u^{3/14} \times v^{1/15}} \right]^{-35/3}$

19. Vereinfachen Sie die folgenden Terme:

    a) $\sqrt[4]{7} \times \sqrt[4]{4}$ b) $\sqrt[3]{19} \times \sqrt[3]{3} \times \sqrt[3]{2}$ c) $\sqrt[3]{128} : \sqrt[3]{2}$

    d) $\sqrt[2]{\sqrt[3]{64}}$ e) $\sqrt[2]{\sqrt[4]{16^2}}$ f) $\sqrt[3]{3} \times \sqrt[4]{3}$ g) $\sqrt[5]{4} : \sqrt[6]{4}$

20. Vereinfachen Sie die folgenden Wurzeln durch Zerlegung der Radikanden in Faktoren:

    a) $\sqrt{147}$ b) $\sqrt[3]{648}$

21. Machen Sie bei den folgenden Quotienten den Nenner rational:

    a) $\dfrac{34}{\sqrt{5}}$ b) $\dfrac{1}{\sqrt{5} - \sqrt{3}}$

22. Berechnen Sie die Potenz mit irrationaler Basis und irrationalem Exponenten mit dem Taschenrechner näherungsweise:

    $\left[\sqrt[7]{5} \right]^{\sqrt[8]{3}}$

23. Frau Pessimist hat zur Zeit ein jährliches Bruttoeinkommen von 65 000 DM. Sie rechnet damit, daß ihr Jahreseinkommen durch jährliche Steigerungen in sechs Jahren auf 70 000 DM angewachsen sein wird.
    Um wieviel Prozent muß das Einkommen von Frau Pessimist dann jährlich steigen?

3. Das Logarithmieren im Zahlenbereich der reellen Zahlen

Lernziele:

> Sie können erklären, daß das Logarithmieren eine Umkehrung des Potenzierens ist und sind in der Lage, Logarithmen durch Anwendung des Potenzierens exakt oder näherungsweise zu berechnen. Sie können Logarithmen mit Hilfe des Taschenrechners berechnen. Sie beherrschen die Logarithmengesetze und können sie zur Lösung von Aufgaben anwenden.

3.1 Die Definition des Logarithmus

Umkehrung des Potenzierens

In dem Studientext „Algebraische Grundlagen" lernten Sie das Logarithmieren als Umkehrung des Potenzierens kennen. Die Gleichung $b^x = a$, wobei $a \in \mathbb{N}$, $a > 1$ und $b \in \mathbb{N}$, $b > 1$, ist im Zahlenbereich $\mathbb{N}$ nur dann lösbar, wenn die natürliche Zahl a als Potenz mit der Basis b und einem natürlichen Exponenten darstellbar ist.

Auch im Zahlenbereich der rationalen Zahlen sind Gleichungen der Form:

$b^x = a$, wobei $a \in \mathbb{Q}$, $a > 0$, $b \in \mathbb{Q}$, $b > 0$, $b \neq 1$ nicht uneingeschränkt lösbar.

Es gibt positive rationale Zahlen a und b, z. B. a = 3 und b = 10, so daß es keine rationale Zahl x gibt, die die Gleichung $b^x = a$ ($b > 0$, $b \neq 1$, $a > 0$) bzw. $10^x = 3$ in eine wahre Aussage überführt. Die Zahl x heißt Lösung der Gleichung $10^x = 3$ genau dann, wenn $x = \log_{10} 3$.
Die Zahl $x = \log_{10} 3$ ist eine reelle Zahl, da x als unendlicher Dezimalbruch ohne Neunerperiode dargestellt werden kann. Die Zahl x ist eine irrationale Zahl, da x nicht als periodischer unendlicher Dezimalbruch darstellbar ist.

Die Zahl x kann folgendermaßen angenähert werden:

$0{,}4 < \log_{10} 3 < 0{,}5$	, denn $10^{0,4} < 3 < 10^{0,5}$	
	, denn $2{,}5118864 < 3 < 3{,}1622777$	
$0{,}47 < \log_{10} 3 < 0{,}48$	, denn $10^{0,47} < 3 < 10^{0,48}$	
	, denn $2{,}9512092 < 3 < 3{,}0199517$	
$0{,}477 < \log_{10} 3 < 0{,}478$	, denn $10^{0,477} < 3 < 10^{0,478}$	
	, denn $2{,}9991625 < 3 < 3{,}0060763$	

Im Zahlenbereich der reellen Zahlen sind alle Gleichungen der Form:
$b^x = a$ für $b > 0$, $b \neq 1$, $a > 0$
lösbar. Für die Lösung der Gleichung führt man eine neue Bezeichnung ein.

Hausarbeit des Studientextes Borgwadt, Potenzen, Wurzeln, Logarithmen (100 Punkte)

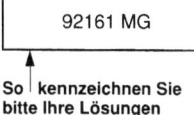

So kennzeichnen Sie bitte Ihre Lösungen

1. Berechnen Sie die folgenden Potenzen: (jeweils 2 Punkte)
   a) $(-3)^4$ b) $(-4)^3$ c) 0^{10} d) 1^{10}

2. Berechnen Sie: $\left(-\dfrac{4}{5}\right)^4$ (2 Punkte)

3. Fassen Sie den Term so weit wie möglich zusammen: (3 Punkte)
   $6u^4 v^5 - 3x^2 y^3 + 3u^2 v^5 - 2u^4 v^5 + 6x^2 y^3 + 4u^2 v^5$

4. Vereinfachen Sie den Term so weit wie möglich:
   $$\left[\left(-\frac{3}{5}\right)^5 \times u^7 \times \left(-\frac{3}{5}\right)^3 \times u^4\right]^2$$ (5 Punkte)

5. Geben Sie die Darstellung der Zahl 5 678 901 als Summe von Vielfachen der Zehnerpotenzen an. (4 Punkte)

6. Berechnen Sie die Potenz 67^{32} mit dem Taschenrechner. (2 Punkte)

7. Formen Sie die folgenden Terme derart um, daß nur Potenzen mit positiven Exponenten auftreten:
   a) $(-5)^{-3}$ b) $\dfrac{1}{7^{-2}}$ c) $\dfrac{1}{(x-y)^{-3}}$ (jeweils 2 Punkte)

8. Schreiben Sie die endlichen Dezimalbrüche als Summe von Vielfachen von Zehnerpotenzen:
   a) 56,789 b) 0,0000876 (jeweils 3 Punkte)

9. Berechnen Sie die folgenden Terme unter Anwendung der Potenzgesetze:
   a) $\left(-\dfrac{2}{3}\right)^{-3} \times \left(-\dfrac{2}{3}\right)^{-4}$ b) $\left(-\dfrac{3}{4}\right)^{-2} \times \left(-\dfrac{16}{9}\right)^{-2}$

   c) $\left(-\dfrac{2}{3}\right)^{-3} : \left(-\dfrac{2}{3}\right)^{-4}$ d) $\left(-\dfrac{3}{4}\right)^{-2} : \left(-\dfrac{16}{9}\right)^{-2}$ (jeweils 3 Punkte)

(Bitte wenden)

10. Setzen Sie zwischen die folgenden Terme das richtige Relationszeichen. Begründen Sie die Ergebnisse:

    a) $\left(-\dfrac{2}{3}\right)^3 \ldots \left(-\dfrac{1}{3}\right)^3$ b) $(-5)^4 \ldots (-4)^4$

    c) $\left(\dfrac{1}{3}\right)^{-3} \ldots \left(\dfrac{2}{3}\right)^{-3}$ d) $4^{-4} \ldots 5^{-4}$ (jeweils 3 Punkte)

11. Vereinfachen Sie die folgenden Terme durch Anwendung der Wurzelgesetze:

    a) $\sqrt[4]{27} \times \sqrt[4]{3}$ b) $\sqrt[3]{3125} : \sqrt[3]{5}$ c) $\left[\sqrt[6]{81}\right]^3$ (jeweils 2 Punkte)

12. Wandeln Sie die Wurzelschreibweise in die Potenzschreibweise bzw. die Potenzschreibweise in die Wurzelschreibweise um. Berechnen Sie die Terme mit dem Taschenrechner:

    a) $\sqrt[7]{2^5}$ b) $8^{3/4}$ (jeweils 2 Punkte)

13. Lösen Sie die folgenden Gleichungen und begründen Sie Ihr Ergebnis:

    a) $\log_2 128 = x$ b) $\log_{1/2} 128 = y$ c) $\log_2 \dfrac{1}{128} = z$ (jeweils 2 Punkte)

14. Berechnen Sie x mit dem Taschenrechner:
    a) $\log x = 3{,}9347$ b) $\log x = -2{,}0653$ (jeweils 2 Punkte)

15. Setzen Sie zwischen die folgenden Terme das richtige Relationszeichen und begründen Sie Ihre Entscheidung:

    a) $\log_{1/10} 1\,000 \ldots \log_{1/10} 100\,000$ b) $\log \dfrac{1}{1\,000} \ldots \log \dfrac{1}{100}$ (jeweils 2 Punkte)

16. Frau A, Frau B und Herr C arbeiten in drei verschiedenen Unternehmen:

    a) Frau A wurde in dem Unternehmen (1) mit einem Anfangsbruttojahreseinkommen von 75 000 DM eingestellt. Außerdem wurde ihr eine jährliche Steigerung des Einkommens um 3,7 % zugesagt. Wie groß ist ihr Jahreseinkommen im fünften Jahr? (4 Punkte)

    b) Frau B hat gegenwärtig ein Bruttojahreseinkommen in Höhe von 68 000 DM. Wie hoch war das Jahreseinkommen vor vier Jahren, wenn sie jährlich eine Einkommenssteigerung um 3,7 % erhalten hat? (4 Punkte)

    c) Herr C wurde mit einem Anfangsjahreseinkommen von 84 000 DM eingestellt. Wie hoch müßte die jährliche Steigerung des Einkommens sein, damit er nach acht Jahren ein Jahreseinkommen von 103 309 DM erhält? (4 Punkte)

    d) Herr D hat zur Zeit ein Bruttojahreseinkommen von 54 000 DM. In seinem Unternehmen betragen die jährlichen Einkommenssteigerungen 5,1%. Nach wie vielen Jahren ist sein Jahreseinkommen dann auf 93 330 DM angewachsen? (4 Punkte)

> Gegeben sei eine beliebige positive reelle Zahl b, wobei b ≠ 1 und eine beliebige positive reelle Zahl a.
> Die reelle Zahl x heißt Logarithmus von a zur Basis b genau dann, wenn $b^x = a$.
>
> Bezeichnung: $x = \log_b a$, b > 0, b ≠ 1, a > 0
>   a : Numerus
>   b : Basis
>   x : Logarithmus von a zur Basis b
>   log : Logarithmenzeichen (Rechenzeichen)

Definition

Das Logarithmieren ist eine zweite Umkehrung des Potenzierens für den Fall, daß in einer Potenzgleichung der Form $b^x = a$ der Exponent (man sagt auch der Logarithmus) gesucht wird. Wenn man Potenzieren und Logarithmieren zur gleichen Basis nacheinander ausführt, dann heben sich die Wirkungen auf:

$\log_b(b^a) = a$ und $b^{\log_b a} = a$ für b > 0, b ≠ 1, a > 0

Beispiel:
Berechnen Sie die folgenden Logarithmen. Begründen Sie Ihr Ergebnis mit Hilfe des Potenzierens.
a) $\log_2 8$ b) $\log_{10} 10\,000$ c) $\log_3 81$ d) $\log_4 56$

Lösung:
a) $\log_2 8 = 3$,   denn $2^3 = 8$

b) $\log_{10} 10\,000 = 4$, denn $10^4 = 10\,000$

c) $\log_3 81 = 4$,   denn $3^4 = 81$

d) $\log_4 64 = 3$,   denn $4^3 = 64$

Im Beispiel wurden nur solche Logarithmen berechnet, in denen der Numerus als Potenz aus der Logarithmenbasis mit natürlichem Exponenten dargestellt werden kann. Im Ergebnis des Logarithmierens entstehen nur nichtnegative ganze Zahlen. In der folgenden Zusammenfassung sind einige Beispiele enthalten für nichtnegative ganzzahlige Logarithmen mit natürlichen Basen.

Basis 2		Basis 3		Basis 10	
Numerus	**Logarithmus**	**Numerus**	**Logarithmus**	**Numerus**	**Logarithmus**
1	0	1	0	1	0
2	1	3	1	10	1
4	2	9	2	100	2
8	3	27	3	1 000	3
16	4	81	4	10 000	4

Ein Logarithmus zu einer Basis b (b > 0, b ≠ 1) ist genau dann gleich 0, wenn der Numerus gleich 1 ist:

$\log_b 1 = 0$, denn $b^0 = 1$ für b > 0 und b ≠ 1

Logarithmus ist Null

Logarithmus ist negativ

Es soll jetzt untersucht werden, ob das Ergebnis des Logarithmierens, daß heißt der Logarithmus, auch eine negative ganze Zahl sein kann.

Beispiel:
Berechnen Sie die folgenden Logarithmen und begründen Sie das Ergebnis mit dem Potenzieren.
a) $\log_3(1/9)$ b) $\log_2(1/8)$ c) $\log_4(1/56)$

Lösung:

a) $\log_3(1/9) = -2$, denn $3^{-2} = \dfrac{1}{3^2} = \dfrac{1}{9}$

b) $\log_2(1/8) = -3$, denn $2^{-3} = \dfrac{1}{2^3} = \dfrac{1}{8}$

c) $\log_4(1/64) = -3$, denn $4^{-3} = \dfrac{1}{64}$

Die Ergebnisse des Beispiels können verallgemeinert werden in der folgenden Zusammenfassung, die beliebig erweitert werden kann. Es sind hier negative ganzzahlige Logarithmen mit natürlichen Basen aufgeführt.

Basis 2		Basis 3		Basis 10	
Numerus	Logarithmus	Numerus	Logarithmus	Numerus	Logarithmus
1/2	-1	1/3	-1	1/10	-1
1/4	-2	1/9	-2	1/100	-2
1/8	-3	1/27	-3	1/1 000	-3
1/16	-4	1/81	-4	1/10 000	-4

Basis ist ein Stammbruch

In dem folgenden Beispiel sollen einige Logarithmen berechnet werden, bei denen die Basis ein Stammbruch ist und das Ergebnis mit Hilfe des Potenzierens begründet werden.

Beispiel:
a) $\log_{1/2} 16$ b) $\log_{1/2}(1/16)$ c) $\log_{1/10}(1/100\,000)$

Lösung:

a) $\log_{1/2} 16 \quad = -4$, denn $(1/2)^{-4} = 2^4 = 16$

b) $\log_{1/2}(1/16) \quad = 4$, denn $(1/2)^4 = 1/16$

c) $\log_{1/10}(1/100\,000) = 5$, denn $(1/10)^5 = 1/100\,000$

Im allgemeinen muß man Logarithmen zu einer vorgegebenen Basis b (b > 0, b ≠ 1) näherungsweise berechnen. Das ist mit großem Rechenaufwand verbunden, den man möglichst reduzieren sollte.

3.2 Die natürlichen und die dekadischen Logarithmen

Für das praktische Rechnen mit Logarithmen haben sich nur zwei Logarithmensysteme durchgesetzt: Die Logarithmen mit der Basis e und die Logarithmen mit der Basis 10.

(1) Die Logarithmen mit der Basis e

Die Zahl e ist eine irrationale Zahl, die nach dem deutschen Mathematiker Leonhard Euler benannt ist. Für die Eulersche Zahl e gilt: e = 2,7182818 ……
Für Logarithmen zur Basis e führte man die folgende Bezeichnung ein:

$$\ln a = \log_e a \quad \text{für } a > 0$$

Eulersche Zahl

Diese Logarithmen bezeichnet man als natürliche Logarithmen. Die natürlichen Logarithmen werden im wesentlichen in der höheren Mathematik verwendet. Ihre Basis e ist eine irrationale Zahl, die in vielen Formeln der höheren Mathematik und den Naturwissenschaften vorkommt. Sie dient vor allem dazu, Wachstumsprozesse (Anwachsen eines Bakterienstammes) und Zerfallsprozesse (Zerfall radioaktiver Substanzen), die sich in unendlich kleinen Zeiteinheiten vollziehen, zu beschreiben. Die Eulersche Zahl kann beispielsweise aus der Summe:

Natürliche Logarithmen

$$e = 1 + \frac{1}{1} + \frac{1}{1 \times 2} + \frac{1}{1 \times 2 \times 3} + \frac{1}{1 \times 2 \times 3 \times 4} + \frac{1}{1 \times 2 \times 3 \times 4 \times 5} + \ldots$$

mit einer beliebigen Genauigkeit berechnet werden. Auf die natürlichen Logarithmen werden wir in diesem Studientext nicht näher eingehen, da sie für die praktische Betriebswirtschaftslehre wenig Bedeutung haben.

(2) Die Logarithmen mit der Basis 10

Es gilt die Bezeichnung: $\log a = \log_{10} a \quad$ für $a > 0$

Diese Logarithmen bezeichnet man als dekadische Logarithmen oder nach dem englischen Mathematiker Henry Briggs auch als Briggssche Logarithmen. Die dekadischen Logarithmen haben wegen ihrer einfachen Handhabung für das praktische Rechnen entscheidende Bedeutung erlangt. Der Hauptvorteil soll an dem folgenden Beispiel demonstriert werden.

Dekadische Logarithmen

Beispiel:
Berechnen Sie den Logarithmus log 5 näherungsweise mit der Genauigkeit 10^{-4}. Ermitteln Sie mit Hilfe von log 5 die folgenden Logarithmen und begründen Sie Ihre Ergebnisse mit Hilfe der Potenzgesetze:
a) log 500   b) log 0,5

Lösung:
$0 < \log 5 < 1$, denn $10^0 < 5 < 10$
…
…
$0{,}6989 < \log 5 < 0{,}6990$, denn $10^{0{,}6989} < 5 < 10^{0{,}6990}$
, denn $4{,}9991941 < 5 < 5{,}0003453$
Es wird mit dem Näherungswert log 5 = 0,6989 gearbeitet.
Berechnungen von a) und b) durch Anwendung des Potenzgesetzes $a^{m+n} = a^m \times a^n$

a) $\log 500 = \log 5 + 2$, denn $10^{(\log 5 + 2)} = 10^{\log 5} \times 10^2$
$ \log 500 = 0{,}6989 + 2$

b) $\log 0{,}5 = \log 5 - 1$, denn $10^{(\log 5 - 1)} = 10^{\log 5} \times 10^{-1}$
$\log 0{,}5 = 0{,}6989 - 1$

Vorteil dekadischer Logarithmen

Der Hauptvorteil der dekadischen Logarithmen beruht also auf der folgenden Eigenschaft: Hat man die Logarithmen der Zahlen von 1 bis 10 näherungsweise mit einer vorzugebenden Genauigkeit berechnet, dann lassen sich daraus die Logarithmen aller 10^k-fachen (k∈lG) des gegebenen Numerus ermitteln. Diesen Vorteil bieten Logarithmensysteme zu anderen Basen nicht.

In der Mathematik wurden Verfahren entwickelt, um Logarithmen mit einer beliebigen Genauigkeit zu berechnen. Je nach der gewünschten Genauigkeit benutzt man 4-stellige, 5-stellige, 7-stellige, etc. Logarithmentafeln.
Der Logarithmus log 3 wird in einer

    4-stelligen Logarithmentafel mit 0,4771,
in einer
    5-stelligen Logarithmentafel mit 0,47712,
in einer
    7-stelligen Logarithmentafel mit 0,4771213, etc.

angegeben. Beachten Sie, daß die letzte Stelle der Logarithmen nach Rundungsregeln gerundet ist. Auf die Benutzung von Logarithmentafeln wird in diesem Studientext nicht weiter eingegangen, da heute üblicherweise mit dem Taschenrechner gearbeitet wird.

Die Ermittlung von Logarithmen mit dem Taschenrechner wird folgendermaßen durchgeführt:
- Für dekadische Logarithmen wird die Taste log benutzt.
- Für natürliche Logarithmen wird die Taste ln genutzt.
- Der Taschenrechner berechnet Logarithmen zu gegebenen Numeri mit Hilfe von Reihenentwicklungen.

Beispiel:
Berechnen Sie die folgenden dekadischen Logarithmen mit dem Taschenrechner. Geben Sie das Ergebnis als Summe aus Dezimalzahl und Kennzahl an.
a) log 345,6   b) log 0,0003456   c) log 0,00000003456

Lösung:
a) 2,5385737   = 0,5385737 + 2   = log 3,456 + 2
b) – 3,4614263   = 4 – 3,4614263 – 4   = 0,5385737 – 4   = log 3,456 – 4
c) $\log (3{,}456 \times 10^{-8})$ = – 7,4614263   = 0,5385737 – 8   = log 3,456 – 8

In der Praxis tauchen häufig Aufgabenstellungen auf, die es notwendig machen, den Numerus zu einem gegebenen dekadischen Logarithmus zu bestimmen.

Es soll nun auf die Nutzung des Taschenrechners eingegangen werden, wenn der Numerus zu einem gegebenen Logarithmus bestimmt werden soll.

Beim Einsatz des Taschenrechners wird der gesamte Wert des Logarithmus einschließlich der Kennziffer eingegeben. Der Numerus zu einem gegebenen Logarithmus wird durch die Tastenfolge SHIFT log ermittelt. Bei dieser Tastenfolge soll also die Umkehroperation zu der log-Operation aufgerufen werden.

Beispiel:
Ermitteln Sie den Numerus zu dem Logarithmus 2,7419 mit dem Taschenrechner.

Lösung:
Gesucht ist die Lösung der Gleichung: $\log x = 2{,}7419$ bzw. $10^{2,7419} = x$

1. Möglichkeit:

Eingabe	2,7419
Operationstaste	SHIFT log
Anzeige	551,95033

2. Möglichkeit:

Eingabe	10
Operationstaste	x^y
Eingabe	2,7419
Anzeige	551,95033

Ist der Logarithmus mit einer angehängten negativen Kennziffer gegeben, so ist die Differenz zunächst zu berechnen.

Beispiel:
Berechnen Sie zu dem Logarithmus 0,2448 – 3 den zugehörigen Numerus.

Lösung:
Gesucht ist die Lösung der Gleichung: $\log x = 0{,}2448 - 3$

1. Möglichkeit

Eingabe	0,2448
Operationstaste	–
Eingabe	3
Operationstaste	SHIFT log
Anzeige	0,0017571

2. Möglichkeit

Eingabe	10
Operationstaste	x^y
Klammer öffnen	(
Eingabe	0,2448
Operationstaste	–
Eingabe	3
Klammer schließen	)
Taste	=
Anzeige	0,0017571

3.3 Die Logarithmengesetze

Da das Logarithmieren eine Umkehrung des Potenzierens ist, kann man aus den Potenzgesetzen Gesetze für das Rechnen mit Logarithmen ableiten.

Gegeben seien zwei beliebige positive reelle Zahlen u und v. Es gibt stets reelle Zahlen x und y, so daß u bzw. v als Potenzen mit einer vorgegebenen positiven Basis $a \neq 1$ dargestellt werden können:
$u = a^x$ und $v = a^y$, bzw. $x = \log_a u$ und $y = \log_a v$.
Für das Produkt der gegebenen reellen Zahlen u und v gilt:
$u \times v = a^x \times a^y = a^{x+y}$ bzw. $x + y = \log_a u \times v$.

Somit ist das Logarithmengesetz für das Logarithmieren eines Produktes bewiesen:

$\log_a (u \times v) = \log_a u + \log_a v$ mit $u > 0, v > 0, a > 0, a \neq 1$

Logarithmieren eines Produktes

Ein Produkt wird logarithmiert, indem die Summe der Logarithmen der beiden Faktoren gebildet wird.

Logarithmieren eines Quotienten

Analog ist das Logarithmengesetz für das Logarithmieren eines Quotienten zu beweisen:

$$\log_a \left(\frac{u}{v}\right) = \log_a u - \log_a v \text{ mit } u > 0, v > 0, a > 0, a \neq 1$$

Ein Quotient wird logarithmiert, indem die Differenz der Logarithmen des Dividenden und des Divisors gebildet wird.

Logarithmieren einer Potenz

Aus dem Logarithmengesetz für das Logarithmieren eines Produktes läßt sich das Logarithmengesetz für das Logarithmieren einer Potenz ableiten.

$$\log_a u^n = n \times \log_a u \text{ mit } u > 0, a > 0, a \neq 1$$

Eine Potenz wird logarithmiert, indem man den Exponenten mit dem Logarithmus der Basis multipliziert.

Logarithmieren einer n-ten Wurzel

Das Logarithmengesetz für das Logarithmieren einer n-ten Wurzel lautet:

$$\log_a \sqrt[n]{u} = \log_a u^{1/n} = \frac{1}{n} \times \log_a u \text{ mit } n \in \mathbb{N} \text{ } n > 1, a > 0, a \neq 1, u > 0$$

Eine n-te Wurzel wird logarithmiert, indem man den Logarithmus über den Radikanden durch den Wurzelexponenten dividiert.

Für jedes Logarithmengesetz soll nun ein Beispiel gebildet werden.

Beispiel:
Berechnen Sie die folgenden Aufgaben logarithmisch:
a) $x = 227 \times 351$ b) $y = 436{,}8 : 7{,}8$ c) $z = 26^3$
d) $u = \sqrt[5]{797}$

Lösung:
Es werden in diesem Beispiel nur die dekadischen Logarithmen angewandt.
a) $\log x = \log (227 \times 351)$ $= \log 227 + \log 351$
    $= 2{,}3560259 + 2{,}5453071$ $= 4{,}901333$
    $\log x = 4{,}901333$ genau dann, wenn $x = 79\,677{,}005$

b) $\log y = \log (436{,}8 : 7{,}8)$ $= \log 436{,}8 - \log 7{,}8$
    $= 2{,}64032826 - 0{,}8920946$ $= 1{,}748188$
    $\log y = 1{,}748188$ genau dann, wenn $y = 55{,}999997$.

c) $\log z = \log (26)^3 = 3 \times \log 26$ $= 3 \times 1{,}4149733 = 4{,}24492$
    $\log z = 4{,}24492$ genau dann, wenn $z = 17\,575{,}998$

d) $\log u = \log \sqrt[5]{797} = \frac{1}{5} \times \log 797 = \frac{1}{5} \times 2{,}9014583 = 0{,}5802916$
    $\log u = 0{,}5802916$ genau dann, wenn $u = 3{,}8044475$

Auch für das Logarithmieren gelten Monotoniegesetze. Muß man zwischen zwei gegebenen Logarithmen zu einer gegebenen Basis ein Relationszeichen setzen, so ist es notwendig, die Numeri zu vergleichen und zu entscheiden, ob die Basis kleiner oder größer 1 ist.

Monotoniegesetze des Logarithmierens:

Für alle positiven reellen Zahlen u und v gilt:

1. Fall: Wenn $0 < a < 1$ und $u < v$, dann $\log_a u > \log_a v$

2. Fall: Wenn $1 < a$ und $u < v$, dann $\log_a u < \log_a v$

Monotoniegesetze des Logarithmierens

Bevor ein Anwendungsbeispiel demonstriert wird, soll die folgende Beziehung zwischen Logarithmen zu unterschiedlichen Basen angegeben werden:

Für alle positiven reellen Zahlen u gilt: $\log_{10} u = -\log_{1/10} u$

Beispiel:
Gegeben sind die folgenden Ungleichungen:

a) $\dfrac{1}{10\,000} < \dfrac{1}{100}$ b) $10\,000 < 1\,000\,000$

Logarithmieren Sie beide Seiten der jeweiligen Ungleichung zunächst mit der Basis 10 und dann mit der Basis 1/10. Geben Sie die neu entstandenen Ungleichungen an.

Lösung:

a) $\log_{10} \dfrac{1}{10\,000} < \log_{10} \dfrac{1}{100}$, denn $-4 < -2$

$\log_{1/10} \dfrac{1}{10\,000} > \log_{1/10} \dfrac{1}{100}$, denn $4 > 2$

b) $\log_{10} 10\,000 < \log_{10} 1\,000\,000$, denn $4 < 6$

$\log_{1/10} 10\,000 > \log_{1/10} 1\,000\,000$, denn $-4 > -6$

Auch das Logarithmieren findet in der Finanzmathematik umfangreiche Anwendungen. Es soll Ihnen wiederum ein Beispiel vorgestellt werden, durch das Sie einen ersten Einblick in die Anwendungsmöglichkeiten erhalten.

Beispiel:
Nach Beendigung seiner Ausbildung fängt Fritz in einem Unternehmen an. Er erhält ein Anfangsbruttojahreseinkommen von 48 000 DM. Die Unternehmensleitung vereinbart mit ihm eine jährliche Gehaltserhöhung von 2,5 %. Nach wievielen Jahren beträgt sein Bruttojahreseinkommen dann rund 55 665 DM?

Lösung:
Für die Berechnung des Einkommens nach n Jahren kann die folgende Formel angewandt werden:

$$K_n = K_1 \left(1 + \dfrac{p}{100}\right)^{n-1}$$

In dieser Formel sind gegeben K_n, K_1 und p. Gesucht ist der Exponent n. Um n auf der rechten Seite der Gleichung zu isolieren, müssen beide Seiten der Gleichung durch K_1 dividiert werden:

$$\dfrac{K_n}{K_1} = \left(1 + \dfrac{p}{100}\right)^{n-1}$$

Werden beide Seiten der Gleichung logarithmiert zur Basis 10, dann entsteht die Gleichung:

$$\log \frac{K_n}{K_1} = \log\left(1 + \frac{p}{100}\right)^{n-1}$$

Nach dem Logarithmengesetz für das Logarithmieren von Potenzen gilt:

$$\log \frac{K_n}{K_1} = (n-1) \times \log\left(1 + \frac{p}{100}\right) \quad \text{bzw.} \quad n = \frac{\log K_n - \log K_1}{\log\left(1 + \frac{p}{100}\right)} + 1$$

Jetzt können die gegebenen Größen eingesetzt werden:

$$n = \frac{\log 55\,665 - \log 48\,000}{\log (1 + 0{,}0225)} + 1 = 6{,}9997933$$

Nach sieben Jahren beträgt das Bruttojahreseinkommen rund 55 665 DM.

Aufgaben zur Selbstüberprüfung:

24. Berechnen Sie die folgenden Logarithmen. Begründen Sie Ihr Ergebnis mit dem Potenzieren.

    a) $\log_2 32$ b) $\log_3 27$ c) $\log_4 16$ d) $\log_{10} 100\,000$

    e) $\log_2 \frac{1}{32}$ f) $\log_3 \frac{1}{27}$ g) $\log_{10} \frac{1}{100\,000}$

    h) $\log_{1/3} 27$ i) $\log_{1/4} 16$ j) $\log_{1/10} 100\,000$

    k) $\log_{1/3} \frac{1}{27}$ l) $\log_{1/4} \frac{1}{16}$ m) $\log_{1/10} \frac{1}{100\,000}$

25. Bestimmen Sie die Kennziffern der folgenden dekadischen Logarithmen:

    a) log 9,43   b) log 0,0000943   c) log 943 000 000

    Ermitteln Sie die Logarithmen mit dem Taschenrechner.

26. Ermitteln Sie den dekadischen Logarithmus über den Numerus 6,789. Berechnen Sie aus log 6,789 die folgenden Logarithmen:

    a) log 678,9   b) log 0,000006789

27. Gegeben sind die folgenden dekadischen Logarithmen:

    a) log x = 3,7899   b) log x = −2,5678

    Berechnen Sie die Numeri mit dem Taschenrechner.

28. Berechnen Sie die folgenden Aufgaben logarithmisch:

    a) $x = 4\,567 \times 23{,}45$ b) $y = 4\,567 : 23{,}45$ c) $z = \sqrt[11]{4\,567}$

29. Setzen Sie zwischen den folgenden Logarithmen das Relationszeichen.

    a) $\log_{1/2} \frac{1}{64}$ ... $\log_{1/2} 128$

    b) $\log_3 \frac{1}{27}$ ... $\log_3 81$

30. Tina hat nach Ihrer Ausbildung einen Arbeitsvertrag mit einem Unternehmen abgeschlossen. Es wurde folgendes vereinbart: Das Anfangsjahresbruttoeinkommen beträgt 55 000 DM und die jährlichen Einkommenserhöhungen belaufen sich auf 3,2 %. Nach wievielen Jahren wird Tina ein Bruttojahreseinkommen von rund 68 567 DM beziehen können?

Lösungen der Aufgaben zur Selbstüberprüfung

1. a) A x A x A = {(8,8,8), (8,8,9), (8,9,8), (8,9,9), (9,8,8), (9,8,9), (9,9,8), (9,9,9)}
   b) $2^3 = 8$
   c) 888, 889, 898, 899, 988, 989, 998, 999
   d) $2^4 = 16$ e) $2^4 = 16$

2. a) $(-7)(-7)(-7) = -343$ b) $(-9)(-9) = 81$ c) 0

3. a) 4×10^{10} b) $500 \times 10^9 = 5 \times 10^{11}$

4. a) $\left(-\dfrac{4}{5}\right)\left(-\dfrac{4}{5}\right)\left(-\dfrac{4}{5}\right) = -\dfrac{4^3}{5^3} = -\dfrac{64}{125}$ b) $\dfrac{6\,561}{10\,000} = 0{,}6561$

5. $2{,}23 < \sqrt{5} < 2{,}24$, $\dfrac{223}{100} < \sqrt{5} < \dfrac{224}{100}$,

   $\left(\dfrac{223}{100}\right)^7 < \left(\sqrt{5}\right)^7 < \left(\dfrac{224}{100}\right)^7$, $\dfrac{2{,}7424 \times 10^{16}}{10^{14}} < \left(\sqrt{5}\right)^7 < \dfrac{2{,}8296 \times 10^{16}}{10^{14}}$

   $274{,}24 < \left(\sqrt{5}\right)^7 < 282{,}96$

   $\left(\sqrt{5}\right)^7 = 279{,}5085$

6. a) $12\,a^7 - 6\,a^5$ b) $12 \times 2^7 - 6 \times 3^5 = 12 \times 128 - 6 \times 243 = 78$

7. a) $\left(-\dfrac{7}{8}\right)^5 = -0{,}5129089$ b) $\left(\sqrt{5}\right)^5 = -\left(\sqrt{5}\right)^5 = -55{,}901699$

8. a) $\left(-\dfrac{3}{4}\right)^6 = 0{,}1779785$ b) $\left(-\dfrac{3}{4}\right)^8 = 0{,}1001129$

   c) $\left(\sqrt{11}\right)^9 = 48\,558{,}704$

9. a) $\left(-\dfrac{4}{5}\right)^5 = -0{,}32768$ b) $\left(\sqrt{7}\right)^2 = 7$ c) 1

10. $728\,541 = 7 \times 10^5 + 2 \times 10^4 + 8 \times 10^3 + 5 \times 10^2 + 4 \times 10^1 + 1 \times 10^0$

11. a) $\dfrac{1}{a^8}$ für $a = 0$ b) $\left(-\dfrac{5}{4}\right)^6 = \left(\dfrac{5}{4}\right)^6$

    c) $\dfrac{1}{\left(x^2 - 2xy + y^2\right)^3} = \dfrac{1}{\left[(x-y)^2\right]^3} = \dfrac{1}{(x-y)^6}$ für $x - y = 0$

12. $\left[\dfrac{2^6 \times u^1 \times a^{-4}}{2^1 \times u^{-2} \times a^{-7}}\right] \times \left[\dfrac{2^5 \times u^4 \times a^{-2}}{2^3 \times u^{-6} \times a^3}\right]^4 =$

    $\left[2^{6+5-1-3} \times u^{1+4-(-2)-(-6)} \times a^{-4+(-2)-(-7)-3}\right]^4 =$

    $\left[2^7 \times u^{13} \times a^{-2}\right]^4 = 2^{28} \times u^{52} \times a^{-8} = 1\,024 \times u^{52} \times a^{-8}$

13. a) 3^5 < 4^5 , denn 243 < 1 024
    b) $(-4)^5$ < $(-3)^5$, denn $-1\,024$ < -243
    c) $(-4)^4$ > $(-3)^4$, denn 256 > 81
    d) 3^{-3} > 4^{-3} , denn $\dfrac{1}{27}$ > $\dfrac{1}{64}$
    e) $(-4)^{-3}$ > $(-3)^{-3}$, denn $-\dfrac{1}{64}$ > $-\dfrac{1}{27}$
    f) $(-4)^{-4}$ < $(-3)^{-4}$, denn $\dfrac{1}{256}$ < $\dfrac{1}{81}$
    g) 3^4 < 3^5 , denn 81 < 243
    h) $\left(\dfrac{1}{4}\right)^3$ > $\left(\dfrac{1}{4}\right)^4$, denn $\dfrac{1}{64}$ > $\dfrac{1}{256}$

14. $K_n = K_1 (1 + 0{,}0445)^{n-1}$
    $K_5 = K_1 (1 + 0{,}0445)^4 = 60\,000 \,(1{,}0445)^4 = 71\,414{,}27$
    Nach fünf Jahren beträgt das Bruttojahreseinkommen 71 414,27 DM.

15. $K_{-n} = K_0(1 + 0{,}0445)^{-n}$
    $K_{-8} = K_0(1{,}0445)^{-8} = 85\,456 \,(1{,}0445)^{-8} \approx 60\,321{,}90$
    Vor acht Jahren betrug ihr Bruttojahreseinkommen rund 60 321,90 DM.

16. $x = \sqrt[15]{100} = 100^{1/15} = 1{,}3593564$; denn $\left[\sqrt[15]{100}\right]^{15} = 100$

17. a) $123^{1/32} = 1{,}1622767$ b) $\sqrt[87]{456} = 1{,}0729088$
    c) $456^{13/98} = 2{,}2527854$ d) $\sqrt[5]{3^{-4}} = 0{,}4152436$

18. a) $-4 \times u^{-1/7} - v^{2/5}$

    b) $\left[\dfrac{u^{-2/7} \times v^{4/5}}{u^{3/14} \times v^{19/25}}\right]^{-35/3} = \left[u^{-1/2} \times v^{1/25}\right]^{-35/3}$
    $= u^{35/6} \times v^{-7/15}$

19. a) $\sqrt[4]{28}$ b) $\sqrt[3]{114}$ c) $\sqrt[3]{64} = 4$ d) $\sqrt[6]{64} = 2$ e) $\sqrt[8]{16^2} = \sqrt[4]{16} = 2$
    f) $3^{1/3} \times 3^{1/4} = 3^{7/12}$ g) $4^{1/5} : 4^{1/6} = 4^{1/5 - 1/6} = 4^{1/30}$

20. a) $\sqrt{3 \times 49} = \sqrt{49} \times \sqrt{3} = 7 \times \sqrt{3}$ b) $\sqrt[3]{24 \times 27} = \sqrt[3]{27} \times \sqrt[3]{24} = 3 \times \sqrt[3]{24}$

21. a) $\dfrac{34 \times \sqrt{5}}{5}$ b) $\dfrac{\sqrt{5} + \sqrt{3}}{5 - 3} = \dfrac{\sqrt{5} + \sqrt{3}}{2}$

22. $(5^{1/7})^{(3^{1/8})} = 1{,}3018216$

23. $K_n = K_1 \left(1 + \dfrac{p}{100}\right)^{n-1}$, $\quad \left(1 + \dfrac{p}{100}\right)^{n-1} = \dfrac{K_n}{K_1} \quad$ $p = 100 \left[\sqrt[n-1]{\dfrac{K_n}{K_1}} - 1\right]$

$p = 100 \left[\sqrt[5]{\dfrac{70\,000}{65\,000}} - 1\right] \approx 1{,}49$

Das Einkommen von Frau Pessimist muß jährlich um rund 1,49 % steigen.

24. a) 5, denn $2^5 = 32$ b) 3, denn $3^3 = 27$ c) 2, denn $4^2 = 16$

d) 5, denn $10^5 = 100\,000$, e) -5, denn $2^{-5} = \dfrac{1}{32}$

f) -3, denn $3^{-3} = \dfrac{1}{27}$ g) -5, denn $10^{-5} = \dfrac{1}{100\,000}$

h) -3, denn $\left(\dfrac{1}{3}\right)^{-3} = 27$ i) -2, denn $\left(\dfrac{1}{4}\right)^{-2} = 16$

j) -5, denn $\left(\dfrac{1}{10}\right)^{-5} = 100\,000$ k) 3, denn $\left(\dfrac{1}{3}\right)^{3} = \dfrac{1}{27}$

l) 2, denn $\left(\dfrac{1}{4}\right)^{2} = \dfrac{1}{16}$ m) 5, denn $\left(\dfrac{1}{10}\right)^{5} = \dfrac{1}{100\,000}$

25. a) Kennziffer 0,   log 9,43   = 0,9745116
    b) Kennziffer −5,   log 0,0000943   = −4,0254883 − 0,9745116 − 5
    c) Kennziffer 8,   log 943 000 000 = 8,9745117
    Bei der Eingabe des Numerus in Aufgabe c) sollten Sie die EXP-Taste zur Hilfe nehmen.

26. log 6,789   = 0,8318058
    a) 0,8318058 + 2 = 2,8318058
    b) 0,8318058 − 6 = −5,1681942

27. a) 6 164,5304
    b) 0,0027052

28. a) log x = log 4 567 + log 23,45 = 3,659631 + 1,3701428 = 5,0297738
    $x = 10^{5,0297738}$ $\quad$ x = 107 096,14

    b) log y = log 4 567 − log 23,45 = 3,659631 − 1,3701428 = 2,2894882
    $y = 10^{2,2894882}$ $\quad$ y = 194,57481

    c) log z = $\dfrac{1}{11}$ × log 4 567 = $\dfrac{1}{11}$ × 3,659631 $\quad$ = 0,3326937
    $z = 10^{0,3326937}$ $\quad$ z = 2,151264

29. a) $\log_{1/2} \dfrac{1}{64} < \log_{1/2} 128$, $\quad$ denn $6 > -7$

    b) $\log_3 \dfrac{1}{27} < \log_3 81$, $\quad$ denn $-3 < 4$

30. $K_n = K_1 \left(1 + \dfrac{p}{100}\right)^{n-1}$ $\qquad \log \dfrac{K_n}{K_1} = (n-1) \times \log\left(1 + \dfrac{p}{100}\right)$

$n = 1 + \dfrac{\log K_n - \log K_1}{\log\left(1 + \dfrac{p}{100}\right)} = 1 + \dfrac{\log 68\,567 - \log 55\,000}{\log 1{,}032} = 7{,}9996036$

Da n eine natürliche Zahl sein muß, kann formuliert werden: Tina wird nach 8 Jahren ein Bruttojahreseinkommen von mehr als 68 567 DM erhalten.

Anhang

Überblick über die Rechenoperationen

Wenn in einem Term Rechenoperationen unterschiedlicher Stufen zu bearbeiten sind, dann müssen zuerst die Rechenoperationen 3. Stufe, dann die Rechenoperationen 2. Stufe und schließlich die Rechenoperationen 1. Stufe ausgeführt werden.

Rechenoperationen 1. Stufe

Zu den Rechenoperationen erster Stufe gehören die sogenannten Strichrechenarten, nämlich Addition und Subtraktion.

Für alle reellen Zahlen a und alle reellen Zahlen b gibt es eine reelle Zahl x, so daß

1. $a + b = x$
2. $a + x = b$ genau dann, wenn $x = b - a$
3. $x + a = b$ genau dann, wenn $x = b - a$
4. $a - b = x$ genau dann, wenn $x = a - b$
5. $a - x = b$ genau dann, wenn $x = a - b$
6. $x - a = b$ genau dann, wenn $x = a + b$

Rechenoperationen 2. Stufe

Zu den Rechenoperationen 2. Stufe gehören die sogenannten Punktrechenarten, nämlich Multiplikation und Division.

Für alle reellen Zahlen a und b (eventuell sind Ausnahmen nötig) gibt es eine reelle Zahl x (eventuell mit Ausnahmen), so daß

1. $a \times b = x$
2. $a \times x = b$ genau dann, wenn $x = b : a$ $(a \neq 0)$
3. $x \times a = b$ genau dann, wenn $x = b : a$ $(a \neq 0)$
4. $a : b = x$ $(b = 0)$
5. $a : x = b$ genau dann, wenn $x = a : b$ $(x \neq 0$ und $b \neq 0)$
6. $x : a = b$ genau dann, wenn $x = a \times b$ $(a \neq 0)$

Rechenoperationen 3. Stufe

Zu den Rechenoperationen 3. Stufe gehören das Potenzieren, Radizieren und Logarithmieren.

Für alle positiven reellen Zahlen a, wobei a ≠ 1, und für alle positiven reellen Zahlen b gibt es eine reelle Zahl x, so daß

1. $a^b = x$

2. $a^x = b$ genau dann, wenn $x = \log_a b$

3. $x^a = b$ genau dann, wenn $x = b^{1/a}$

4. $\sqrt[n]{a} = x$ für n∈IN

5. $\sqrt[n]{x} = a$ genau dann, wenn $x = a^n$ für n∈IN

6. $\sqrt[x]{b} = a$ genau dann, wenn $b = a^x$ genau dann, wenn $x = \log_a b$

    Da x eine natürliche Zahl sein muß, gibt es nicht immer eine Lösung dieser Gleichung.

7. $\log_a b = x$

8. $\log_a x = b$ genau dann, wenn $x = a^b$

9. $\log_x a = b$ genau dann, wenn $x^b = a$ genau dann, wenn $x = a^{1/b}$
    Diese Gleichung ist nur erfüllt für x > 0 und x ≠ 1.

Stichwortverzeichnis

B
Basis 1, 29
Binomische Formel 23

D
Dekadisches Positionssystem 10
- natürliche Zahlen 10
- rationale Zahlen 12

Dezimalbruch
- endlicher 12
- unendlicher 3
- unendlicher nichtperiodischer 3
- unendlicher periodischer 12

Dezimalsystem 10

E
Eulersche Zahl 31
Exponent 9, 29
- gerade Zahl 2
- natürlicher 1, 4, 14, 19
- negativer ganzzahliger 15
- ungerade Zahl 2

G
Grundzahl 2

K
Kehrwert 11
Kleinerrelation 13

L
Logarithmen
- Briggssche 31
- Definition 29
- dekadische 31
- natürliche 31
- zu unterschiedlichen Basen 34

Logarithmengesetze 33
Logarithmensysteme 31
Logarithmentafeln 32

Logarithmieren
- einer n-ten Wurzel 34
- einer Potenz 33
- eines Produkts 33
- eines Quotienten 33
- Monotoniegesetze 34

M
Monotoniegesetz 13
- Potenzieren mit Basen größer eins 16
- Potenzieren mit natürlichen Exponenten 14
- Potenzieren mit negativen ganzzahligen Exponenten 15
- Potenzieren mit positiven Basen 15

N
Nenner rationalmachen 22
Numerus 29

P
Potenzen
- Addition 4
- Berechnung 1
- Division mit gleichen Basen 8
- Division mit gleichen Exponenten 9
- mit ganzzahligen Exponenten 13
- mit irrationalen Exponenten 25
- mit natürlichen Exponenten 1
- mit negativen ganzzahligen Exponenten 11
- mit rationalen Exponenten 23, 24
- Multiplikation mit gleichem Exponent 5
- Multiplikation mit gleicher Basis 5
- Potenzieren 6
- Subtraktion 4

Potenzgesetz 5, 6, 7, 8, 9, 13

Potenzieren
- auf dem Zahlenbereich der natürlichen Zahlen 1
- auf dem Zahlenbereich der rationalen Zahlen 2
- auf dem Zahlenbereich der reellen Zahlen 3
- mit dem Taschenrechner 2, 3
- Umkehrung 20

Potenzschreibweise 2
Produktmenge 1

Q
Quotient 2, 3, 22

R
Radikand 20, 22
Radizieren 20
- Zahlenbereich der reellen Zahlen 19

S
Stellenwertsystem 10

U
Umkehrung
- der Addition 19
- der Multiplikation 19
- des Potenzierens 19

W
Wurzel 20
– Definition 21
Wurzelexponent 22
Wurzelgesetz 20 ff.
– Anwendungen 22
– für Division 21
– für Multiplikation 20 f.
– für Potenzieren 21
– für Radizieren 21

Z
Zehnerpotenz 2, 10

MIX
Papier aus verantwortungsvollen Quellen
Paper from responsible sources
FSC® C105338

If you have any concerns about our products,
you can contact us on
ProductSafety@springernature.com

In case Publisher is established outside the EU,
the EU authorized representative is:
**Springer Nature Customer Service Center GmbH
Europaplatz 3, 69115 Heidelberg, Germany**

Printed by Libri Plureos GmbH
in Hamburg, Germany